太极冠军演练图谱

四十八式太极拳

侯雯 编著

中原出版传媒集团
中原传媒股份公司
河南科学技术出版社

图书在版编目（CIP）数据

四十八式太极拳 / 侯雯编著. —郑州 : 河南科学技术出版社, 2019.1
（太极冠军演练图谱）
ISBN 978-7-5349-9161-5

Ⅰ. ①四… Ⅱ. ①侯… Ⅲ. ①太极拳—图谱 Ⅳ. ①G852.11-64

中国版本图书馆CIP数据核字（2018）第034615号

出版发行：河南科学技术出版社
地址：郑州市经五路66号　　邮编：450002
电话：（0371）65737028　65788636
网址：www.hnstp.cn
策划编辑：董　涛
责任编辑：陈海颜
责任校对：杨晓珂
封面设计：朱　婧
版式设计：王高峰
摄　　影：高　翔
责任印制：张艳芳
印　　刷：河南新达彩印有限公司
经　　销：全国新华书店
开　　本：720 mm × 1020 mm　1/16　印张：8　字数：213千字
版　　次：2019年1月第1版　2019年1月第1次印刷
定　　价：45.00元

“太极冠军演练图谱”编委会

（排名不分先后）

作者简介

侯雯，郑州大学体育学院教师；国家级运动健将，中国武术六段；国家一级裁判员，中国武术段位制系列教材示范者，中国武术段位制考评员、指导员；国家级社会体育指导员培训教师，全国援外教练员。

侯雯自幼习武，技艺超群，十五岁即获得全国青少年武术锦标赛太极拳第一名。后入选河南省太极拳队，屡获太极拳全国冠军，成绩斐然，并多次随中国武术代表团出访世界多国。她练的太极拳，动作轻灵，劲法飘逸，架式美观，被誉为“美女太极”。

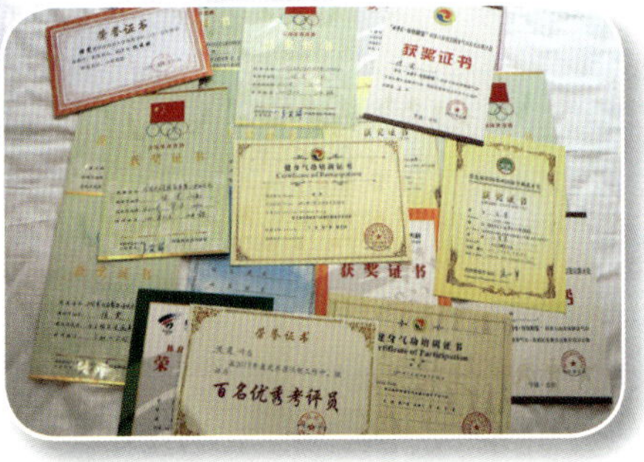

侯雯获奖证书及奖牌

侯雯在格鲁吉亚教授陈式太极拳

侯雯目前从事武术与民族传统体育专业的教学和研究工作，主要研究方向为武术教学与训练、太极拳与养生，并负责全国及省级太极拳项目和健身气功项目的教学、训练、培训及段位制的教学与考评。经常受中国武术协会指派，去法国、冰岛、格鲁吉亚、巴西等国进行武术教学指导与推广活动。

侯雯在美国亚利桑那大学开展初级太极拳培训

四十八式太极拳

四十八式太极拳，是国家体育运动委员会继二十四式太极拳之后，于1979年组织专家编创的又一重要太极拳普及套路。

四十八式太极拳作为二十四式太极拳的继续和提高，不算起式与收式，动作也比二十四式太极拳多一倍，增大了运动量和多样性，更加充实完备。

四十八式太极拳不仅采用了杨式太极拳的立圆转换，而且多次运用吴式、孙式等传统太极的平圆手法，如“单鞭”“捋挤”中的云转、穿抹，“左右穿梭”“进步栽捶”“右蹬脚”中的平立圆变换，使动作更加圆活协调，巧妙得体；在步法上，四十八式太极拳在稳定轻灵的基础上，又吸取武式、孙式等流派的撤步、跟步等，增加了步法的灵活性。这样，整套太极拳路更显得顺遂流畅。

目录

第一式　白鹤亮翅

（一）起式

【练法】

1.身体自然直立，两脚并拢；头颈端正，下颌内收，胸腹放松，肩臂松垂，两手轻贴于大腿外侧；精神集中，目视前方（假设面向为南），呼吸保持自然。（图1.1）

2.左脚向左侧跨半步，与肩同宽，脚尖向前。（图1.2～图1.4）

3.两手慢慢向前平举，指尖向前，掌心向下，与肩同高；两臂间距同肩宽，肘微下垂。（图1.5）

图 1.1

图 1.2

图 1.3

图 1.4

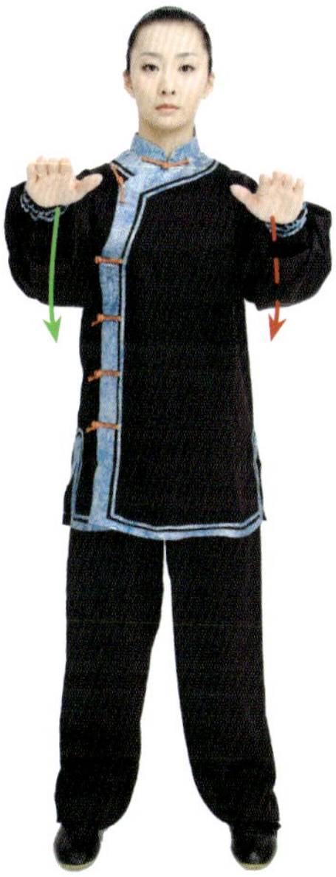

图 1.5

4.上体保持正直，两腿缓慢屈膝半蹲。两掌轻轻下按，落于腹前，掌心向下，掌膝相对。目视前方。（图1.6、图1.7）

【要点】

屈膝程度因人而异，一般来说，大腿与地面成45～60度斜角。整套太极拳，除少数动作（如仆步、开立步、独立步等）身体有明显升降外，应保持高度大体一致，不要忽高忽低，起伏不定。

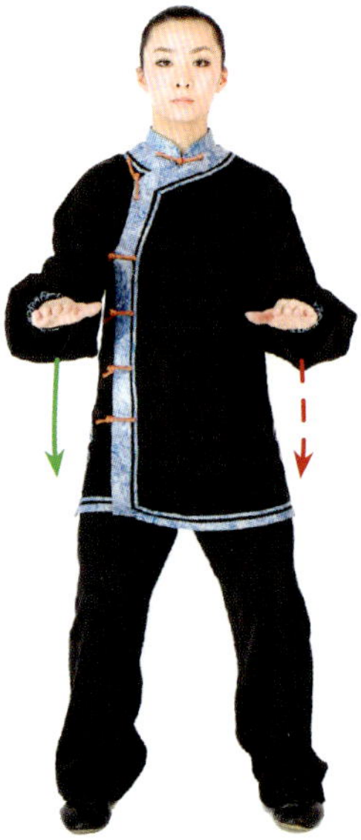

图 1.6

图 1.7

（二）白鹤亮翅

【练法】

1.上体微左转，身体重心移至左腿，右脚向右斜后方撤步。两掌左上右下，掌心相对，在左胸前呈“抱球”状。（图1.8、图1.9）

2.重心后移，上体微右转，腰随之右转。右掌自左下向右上画弧；左掌经右肩前向右掌合拢，附于右前臂内侧。目视右掌。（图1.10）

图 1.8

图 1.9

3.左脚提起并内收。右掌微上提，上体微右转，面向前方，两掌继续向不同方向画弧；左掌按于左胯旁，掌心向下，指尖向前；右掌提至额前右上方，掌心向内；两臂皆保持弧形。左脚稍向内移，前脚掌着地，膝部微屈，成左虚步。目视前方。（图1.11～图1.13）

【要点】

虚步时，两脚夹角大约45度；右腿膝部与脚尖、臀部与脚跟大体相对；上体保持端正，注意缩胯收臀，膝部不要过于里扣或外敞。

图 1.10

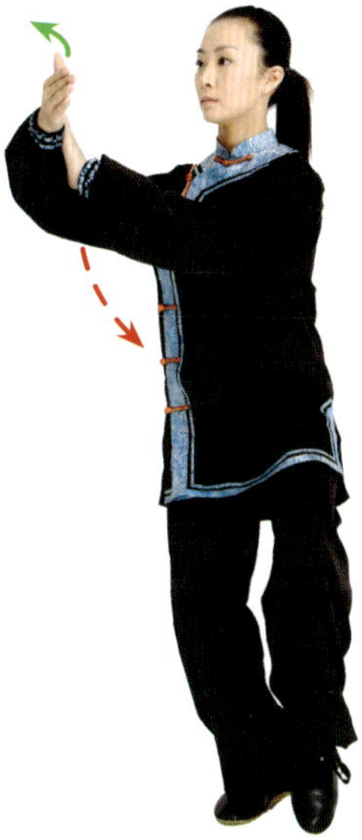

图 1.11

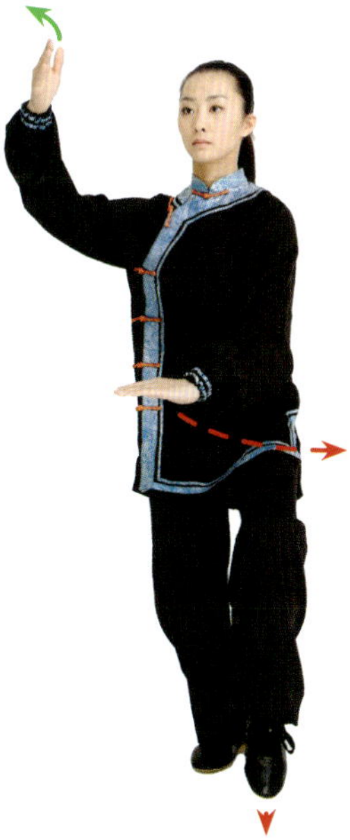

图 1.12

图 1.13

第二式　左搂膝拗步

【练法】

1.上体微向左转。右掌经体前画弧下落；左掌经体侧向上、向右画弧。（图2.1、图2.2）

2.上体向右转。右掌经下向右后上方画弧至与耳同高，掌心斜向上；左掌经面前向右下画弧至右胸前，掌心斜向下。左脚收至右脚内侧。目视右掌。（图2.3、图2.4）

图 2.1

图 2.2

图 2.3

图 2.4

3.上体微左转，左脚向前（偏左）迈出一步（两脚横向距离约30厘米），身体重心前移。右掌屈收至右耳侧，左掌按至腹前。（图2.5）

4.左腿屈弓，右腿自然蹬直，成左弓步。右掌经耳侧向前立掌推出，指尖高与鼻平；左掌向左下经左膝前搂过，按于左胯旁，掌心向下，指尖向前。上体正直，松腰、松胯。目视前方。（图2.6）

【要点】

1.弓步时，两脚夹角为45～60度（必要时，后脚脚跟可后展调整）。

2.为了保持重心稳定，弓步时，两脚不要前后踩在一条线上，更不要左右交叉。应根据上体扭转程度和劲力方向，两脚保持10～30厘米的横向距离。

图 2.5

图 2.6

第三式　左单鞭

【练法】

1.上体后坐，重心移向右腿；左脚脚尖翘起，并稍内扣，上体随之左转。右臂随转体后带，向下画弧；左掌自左下方经体侧向体前画弧，高与肩平，掌心斜向上。头随体转，目视斜前方。（图3.1、图3.2）

2.左脚落实，身体重心移至左腿，右脚收至左脚内侧。两掌左上右下，掌心相对，在胸前呈“抱球”状。（图3.3）

3.上体微右转，右脚向右前方（假设面向南起式，此式应向西）迈出一步，重心前移，成右弓步。右臂向前掤出并微屈，掌心向内，高与肩平；左掌附于右腕内侧，掌心向外。（图3.4～图3.6）

图 3.1

图 3.2

图 3.3

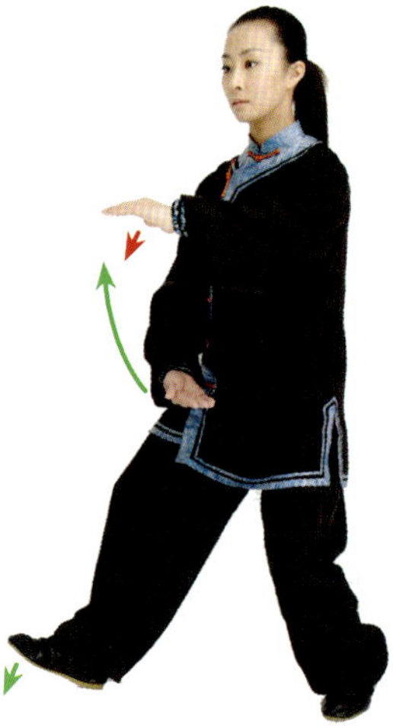

图 3.4

4.上体后坐，右脚脚尖上翘。右掌自前向右、向后屈肘，再画半个平圆，掌心向上；左掌仍附于右腕内侧，随右前臂画平圆。继而右脚内扣，右腿屈膝，上体左转，转向正前方；左前臂微回收至胸前；左掌附于右腕内侧，掌心向上。（图3.7～图3.9）

5.右脚落实，上体微左转，重心移至右腿；左脚随之收于右脚内侧。右前臂在右肩前画弧前伸，右掌随之向右前方立掌按出，腕与肩同高，掌心向外；左掌附腕随之。上体微右转，左脚内收，成左丁步。目视右掌。（图3.10）

6.上体微左转，左脚向左前方（正东稍偏北）迈出一步，重心前移，成左弓步。上体继续左转，左前臂内旋，

图 3.5

图 3.6

图 3.7

图 3.8

左掌慢慢向前推出，掌心朝前，指尖与鼻尖同高，左手、左脚上下相对，同时右掌变勾。目视左掌。（图3.11、图3.12）

【要点】

1.两臂画平圆时，腰部要随之转动，上体要保持正直，不可俯仰歪斜。

2.推掌、按掌后，手臂要稍屈，肘要松沉，不可僵直或耸肩扬肘。

3.初学者在收脚上步时，前脚掌可在支撑脚内侧轻轻点地，以利重心稳定。重心前移成弓步时，后腿自然蹬直，膝部不要僵挺，脚跟可随之后展调整（下同）。

图 3.9

图 3.10

图 3.11

图 3.12

第四式　左琵琶式

【练法】

1.上体微向左转，右脚提起跟进半步，踏实落在左脚后面。左掌向内、向下画弧至左胯前；右勾手变掌，随腰的转动向左、向前平摆至体前，掌心斜向上，随之屈肘旋臂，掌心斜向下。（图4.1～图4.3）

图 4.1

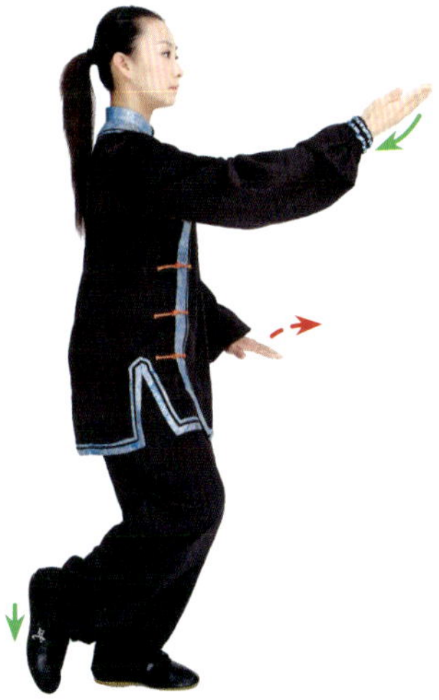

图 4.2

图 4.3

2.重心后移，左脚稍向前上步，脚跟着地，左膝微屈，成左虚步。右掌随腰部微右转并屈肘回带，掌心转向下；左掌向外、向前上方画弧挑举。继而两臂松沉合劲，左掌成侧立掌停于面前，指尖与鼻尖相对；右掌也成侧掌，屈臂合于胸前，掌心与左肘相对。（图4.4～图4.6）

【要点】

1.右脚落步时，先以前脚掌着地，随重心后移再慢慢全脚踏实。

2.提步时，脚跟先离地，然后轻轻将全脚提起。

3.提步、落步要用力轻匀，不可突然蹬地、砸地。

图 4.4

图 4.5

图 4.6

第五式　捋挤式

【练法】

1.左脚抬起向左前方迈出一步，脚跟着地，然后全脚落实，重心前移，成左弓步。上体稍右转，右掌自左前臂上方穿出，由左向右前方画弧平抹，掌心斜向下；左掌微外旋并向后画弧，收至右肘内侧下方，掌心斜向上。目视右掌。（图5.1～图5.4）

图 5.1

图 5.2

图 5.3

图 5.4

2.两掌自前向下捋，左掌捋至左胯外侧，右掌捋至胸前。右脚收于左脚内侧，前脚掌着地。目视右前方。（图5.5、图5.6）

3.右脚向右前方（东南）迈出一步，脚跟着地。两前臂旋转（左臂内旋，右臂外旋），两掌翻转屈臂上举，掌心相对，收于胸前。（图5.7、图5.8）

4.右脚落实，重心前移，成右弓步。两臂向前挤出并撑圆；左掌掌指贴近右腕，掌心向外，指尖斜向上；右掌掌心向内，指尖向左，高与肩平。（图5.9）

此为右捋挤式定式。

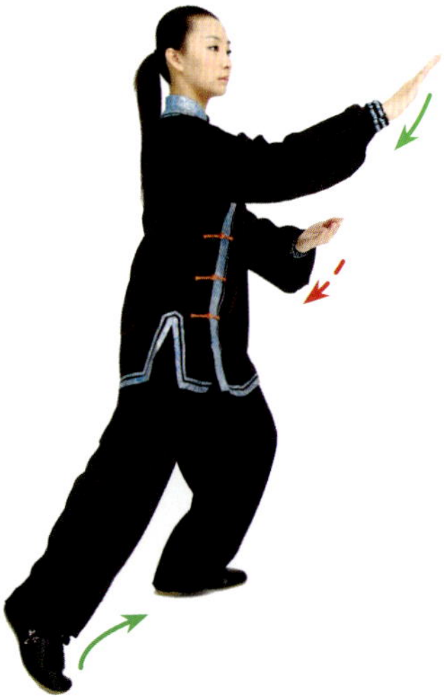

图 5.5

图 5.6

图 5.7

图 5.8

图 5.9

5.重心后移，右脚脚尖翘起微内扣，再落地，成右弓步。上体左转，左掌自右前臂上方穿出，向左前方画弧平抹；右掌微向后画弧，收至左肘内侧下方。目视左掌。（图5.10～图5.12）

图 5.10

图 5.11

图 5.12

6.左捋挤式动作同前右捋挤式，唯左右相反。（图5.13～图5.17）

图 5.13

图 5.14

图 5.15

图 5.16

图 5.17

7.右捋挤式动作同前右捋挤式。（图5.18～图5.25）

【 要点 】

1.由捋变挤时，两掌在体前边翻转边上提，两手摆动不要超过身体。下捋与收脚、前挤与弓腿要做到协调一致。

图 5.18

图 5.19

图 5.20

图 5.21

图 5.22

图 5.23

2.收脚时，如果初学者掌握不好重心，前脚掌可以在支撑脚内侧点地停顿一下，然后再向前上步。类似动作皆同样处理，不再一一注明。

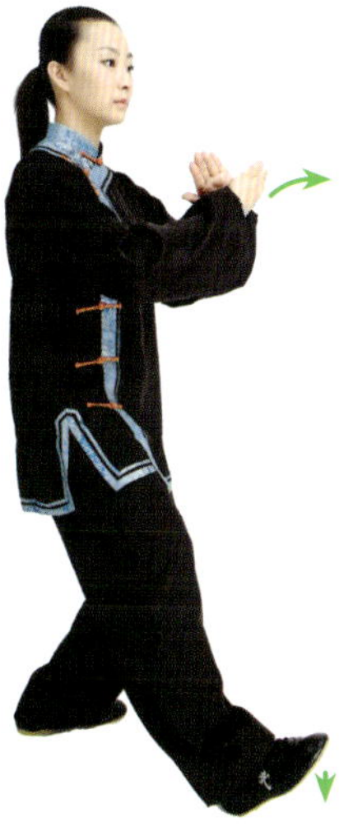

图 5.24

图 5.25

第六式　左搬拦捶

【练法】

1.重心后移，右脚脚尖外展。上体右转，左掌向左前（正东）伸展，掌心斜向下；右掌向下画弧，掌心向上。（图6.1）

2.重心前移，左脚收于右脚内侧。右掌经下向右后画弧，再向上卷收，停于体前，掌心向下，高与肩平；左掌变拳向下、向右画弧收于右腹前，拳心向下。目视前方。（图6.2～图6.4）

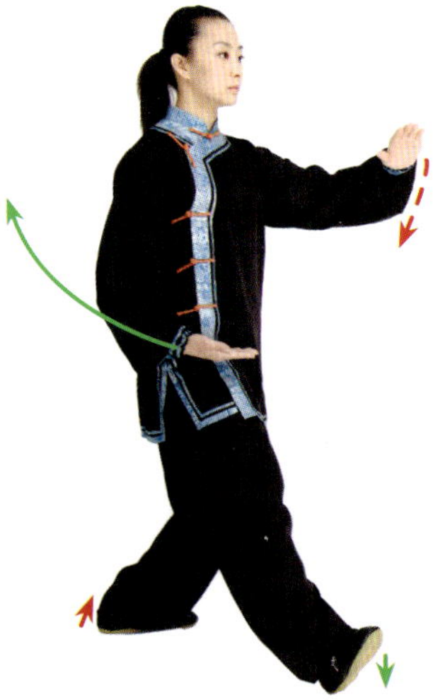

图 6.1

图 6.2

图 6.3

图 6.4

3.左脚向前迈步，脚跟着地，脚尖外撇。左拳随之向前（正东）搬出，拳心翻向上，高与胸平；右掌经左前臂外侧顺势按至右胯旁。（图6.5）

4.重心前移，左脚落实，右脚经左脚内侧收提上步，腰向左转。左拳向左画弧，收于左腰间，拳心向上；右掌经体右侧画弧向前拦出，高与胸平，掌心向左。（图6.6、图6.7）

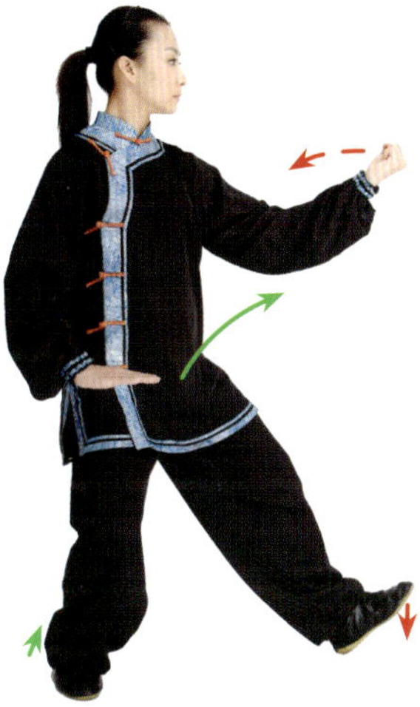

图 6.5

图 6.6

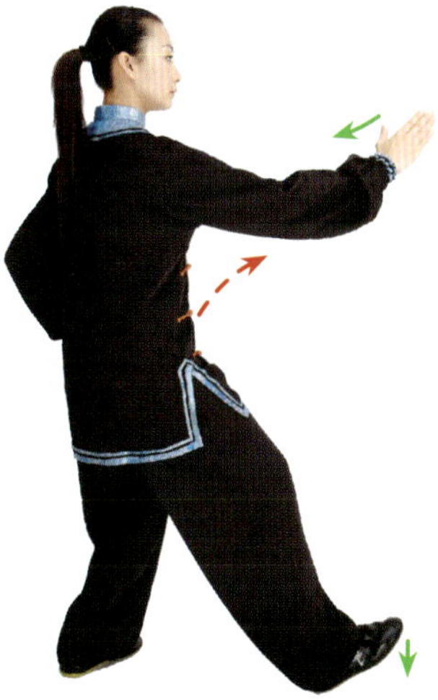

图 6.7

5.重心前移，成右弓步。左拳由腰间向前打出，拳眼向上，高与胸平；右掌收于左前臂内侧。（图6.8、图6.9）

【要点】

1.两手画弧相交时，前后、上下要对称，画成两个相交的立圆。

2.左拳搬出后再回收时，左前臂先内旋，然后再外旋并卷收于腰间。

3.右掌拦出时，右前臂先外旋，然后内旋并拦于体前。

图6.8

图6.9

第七式　左掤捋挤按

【练法】

1.重心后移，右脚脚尖外展。腰向右转，右前臂外旋，右掌向下画弧，掌心向上；左拳变掌，前臂内旋并前伸，掌心转向下。（图7.1）

2.右脚落实，重心前移；左脚收于右脚内侧。左掌由前向下画弧至腹前；右掌自下向后、向上画弧收卷至胸前，两掌呈“抱球”状。（图7.2、图7.3）

3.上体微左转，左脚向前（正东）迈出一步，脚跟着地。（图7.4）

图 7.1

图 7.2

图 7.3

图 7.4

4.重心前移，右脚后蹬，脚跟后展，成左弓步。左前臂向前掤出（即左臂呈弧形，用前臂外侧向前上方架出），高与肩平，掌心向内；右掌向下按于右胯旁。（图7.5、图7.6）

5.上体微向左转，左掌前伸，掌心向上；右臂经腹前向上、向前伸至左前臂下方，掌心向下。（图7.7）

6.上体右转，两掌翻转（左掌掌心向下，右掌掌心向上）下捋，并经腹前向右后上方画弧；右掌掌心斜向上，高与肩平；左前臂平屈于胸前，掌心斜向后。重心后移，右腿屈膝，重心偏于右腿。目视右掌。（图7.8～图7.10）

图 7.5

图 7.6

图 7.7

图 7.8

7. 上体左转，面向前方，重心前移。右臂屈肘卷收，右掌指向前搭近左腕。（图 7.11）

8. 重心前移，成左弓步。双手慢慢向前挤出，高与肩平，左掌掌心向内，右掌掌心向前，两臂保持半圆形。（图 7.12）

9. 右掌经左腕上方伸出，掌心向下；左掌掌心翻转向下。随即两掌左右分开，与肩同宽。平视前方。（图 7.13）

图 7.9

图 7.10

图 7.11

图 7.12

10.上体后坐，重心移至右腿，左脚脚尖翘起。两臂屈肘，两掌收至胸前，掌心向前下方按。平视前方。（图7.14、图7.15）

11.左腿前弓，成左弓步。两掌落下经腹前向前、向上按出，腕高与肩平，松腰松胯，沉肩坠肘，塌腕舒掌。（图7.16）

【要点】

1.由捋变挤时，两手向身后摆开。

2.由挤变按时，注意缩胯、敛臀，上体正直，不可前俯后仰。

图 7.13

图 7.14

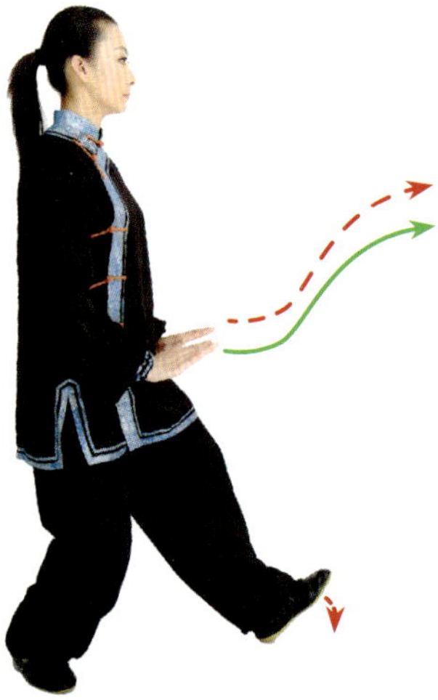

图 7.15

图 7.16

第八式　斜身靠

【练法】

1.重心移向右腿，左脚脚尖内扣，身体右转。右掌由左向右画弧至身体右侧，左掌对称地分举在身体左侧，两肘微屈，掌心斜向前。目视右掌。(图8.1、图8.2)

2.身体重心移至左腿，右脚收于左脚内侧。右掌向下、向左画弧收至体前，高与肩平；左掌收至体前，与右掌腕部交搭，抱成斜十字形；左掌在内，右掌在外，掌心均转向内。目视前方。(图8.3、图8.4)

图 8.1

图 8.2

图 8.3

图 8.4

3.上体微右转，右脚向右前方（正西偏北约30度）迈出，脚跟着地。两掌变拳，前臂微内旋，两拳拳心均向外。目视前方。（图8.5）

4.重心前移，左腿自然蹬直，脚跟随之后展，成右弓步。两拳分别向左下和右上撑开；右拳停于右额角前，拳心斜向外；左拳下撑于左胯旁，拳心斜向身后；上体斜向西南。目视左前方。（图8.6）

【要点】

定式时，弓步方向为西偏北，上体转向西偏南。注意沉肩松胯，肩、臂微向外撑劲，上体不要侧倒。

图8.5

图8.6

第九式　肘底捶

【练法】

1.重心左移，右脚脚尖随之翘起并内扣。上体左转，右拳变掌，前臂外旋，掌心向上并向内掩裹画弧；左拳变掌，向左、向内画弧。目视右掌。（图9.1）

图 9.1

图 9.2

2.重心右移，左脚收至右脚内侧。右掌翻转并屈收于右胸前，掌心向下；左前臂外旋，左掌掌心翻转向上，并经腹前向右画弧，与右掌相对呈“抱球”状（右上左下）。（图9.2、图9.3）

图 9.3

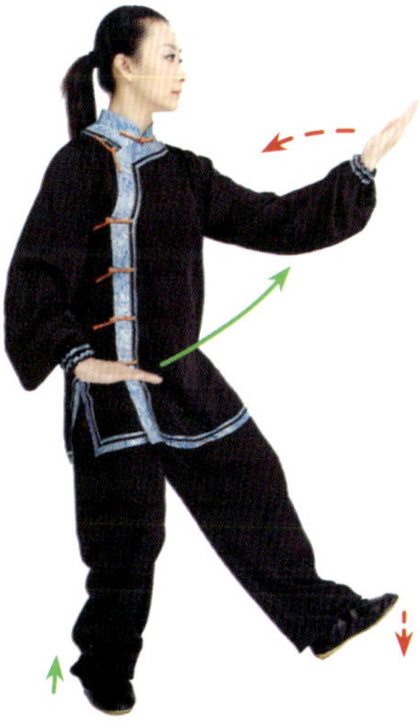

图 9.4

3.上体左转，左脚向左前方摆脚迈步，脚跟着地，脚尖外撇。左掌经右前臂下方向左上方画弧，掌心斜向上，高与鼻平；右掌经左胸前画弧下落至右胯旁。（图9.4）

4.上体继续左转，左脚落实，身体重心前移至左腿；右脚跟进半步，前脚掌着地，落在左脚后方。左前臂内旋，左掌向左、向下画弧至体侧，掌心向下；右掌向右、向前画弧至体前，掌心斜向上，高与鼻平。面向正东。（图9.5、图9.6）

5.重心后移，右脚落实；左脚向左前方蹬出，脚跟着地，成左虚步。左掌经腰间从右腕上方向前穿出成侧立掌，掌心向右，指尖与眉心相对；右掌变拳回收，置于左肘内侧下方，拳眼向上。（图9.7、图9.8）

【要点】

1.整个动作要连贯一气，以腰为轴带动四肢。

2.定式时，松肩垂肘，微向下沉劲，右拳置于左肘下方偏右，保持胸部舒展。

图9.5

图9.6

图9.7

图9.8

第十式　倒卷肱

【练法】

1.上体右转，右拳变掌，掌心向上，由前经右胯侧向后画弧平举，肘部微屈；随之左臂外旋，掌心翻转向上。目视右掌。（图10.1～图10.3）

2.左脚轻轻提起，脚尖下垂，向后退步，左脚脚掌着地。上体右转，右臂屈肘卷收经耳侧，向前推掌。目随转体由右视，再转向前视。（图10.4、图10.5）

图 10.1

图 10.2

图 10.3

图 10.4

3.身体重心后移，左脚踏实；右脚脚跟微内收，脚尖向前，成右虚步。右掌向前推出，掌心向前，高与肩平；左手向下撤至左胯前。上体正直，松腰松胯。（图10.6）

4.上体左转，左掌向下、向左后方画弧平举，掌心仍向上；右臂外旋，掌心转向上。目视左掌。（图10.7、图10.8）

图 10.5

图 10.6

图 10.7

图 10.8

5.右脚轻提，脚尖下垂，向后退步，右脚前脚掌落地。左臂屈肘，左掌卷收至耳侧。目视前方。（图10.9、图10.10）

6.身体重心后移，右脚踏实；左脚脚跟微外展，左膝微屈，成左虚步。左掌从耳侧向前推出，掌心斜向前，高与肩平；右掌向下、向后撤至右胯前。（图10.11、图10.12）

图 10.9

图 10.10

图 10.11

图 10.12

7.倒卷肱左右各重复一次，动作同前。（图10.13～图10.22）

图 10.13

图 10.14

图 10.15

图 10.16

图 10.17

图 10.18

图 10.19

图 10.20

【要点】

退步时，前脚掌先落地，然后全脚踏实，重心后移，做到虚实转换清楚。两脚要保持约10厘米的横向距离，两腿不要成交叉状退步，以免重心不稳。

图 10.21

图 10.22

第十一式　转身推掌

【练法】

1.左脚撤至右脚后。左掌外旋先向上举，再收至右胸前，掌心向下；右掌由下向右上方画弧，掌心向上。（图11.1）

2.重心移至左腿，上体稍左转，以右脚跟、左脚掌为轴扣脚向左后方转体；转身后重心仍在右腿，左脚抬起。在转动中，右掌屈肘回收至耳侧；左手略向下按。目视左前方（西北）。（图11.2~图11.4）

图 11.1

图 11.2

图 11.3

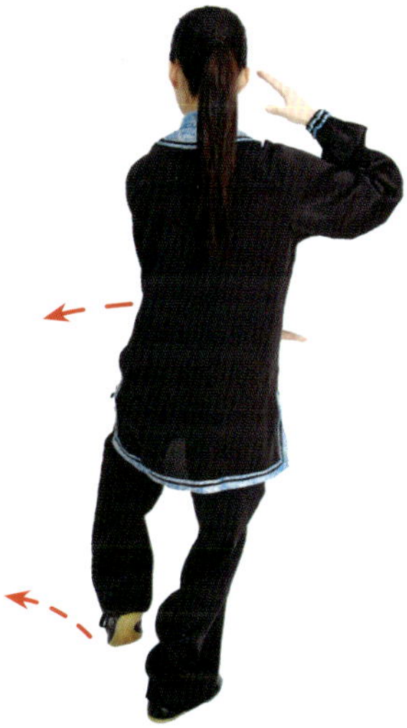

图 11.4

3.左脚向前（西北）上步，右脚随即跟进，落于左脚后侧，前脚掌点地，成丁步。左掌下落，经左膝前搂过按于左胯旁，掌指向前；右掌经耳侧向前推出，掌指向上，掌心向前，指尖高与鼻平。目视右掌。（图11.5、图11.6）

4.右脚脚跟落地，重心后坐，以左脚脚跟、右脚脚掌为轴，向右后转体，转体后重心仍在左腿，右脚抬起。左臂外旋，左掌掌心向上，并向左、向上画弧上举再屈肘回收至耳侧；右掌略向下按，与腰同高，掌心向下。（图11.7～图11.9）

图 11.5

图 11.6

图 11.7

图 11.8

5. 右脚向前（东南）上步,左脚随即跟进，落于右脚后侧，前脚掌点地，成丁步。右掌下落，经右膝前搂过按于右胯旁，掌指向前；左掌经耳侧向前推出，掌指向上，掌心向前，指尖高与鼻平。目视左掌。（图11.10~图11.12）

图 11.9

图 11.10

图 11.11

图 11.12

6.左右转身推掌各重复一次。动作同前，唯方向分别为东北和西南，与前面的转身推掌恰成四角方向。（图11.13～图11.24）

【要点】

1.丁步时，两脚横向、竖向均要保持10厘米左右的距离，以便于转动。

2.转体时，重心置于两脚间；转体后，重心移向后腿，保证转动灵活。

3.整个动作要做得既轻灵又沉稳。

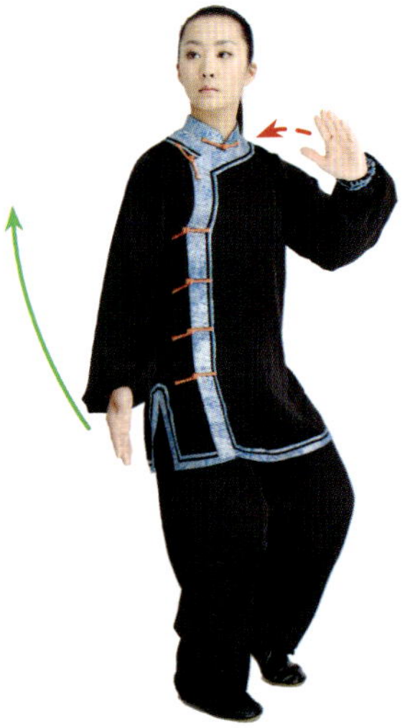

图 11.13

图 11.14

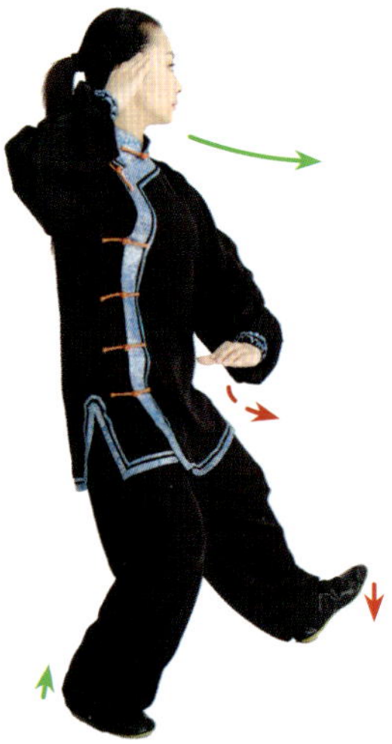

图 11.15

图 11.16

图 11.17

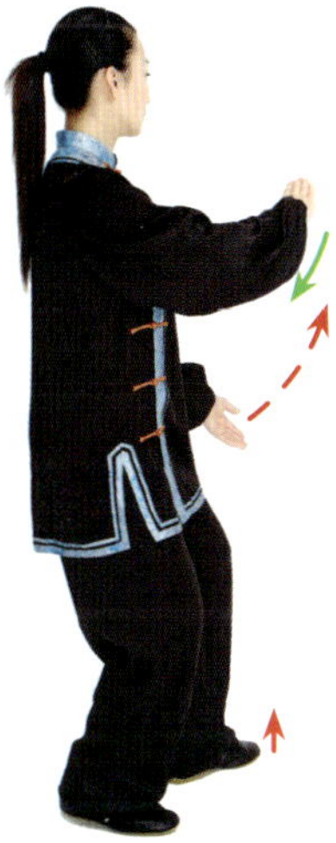

图 11.18

图 11.19

图 11.20

图 11.21

图 11.22

图 11.23

图 11.24

第十二式　右琵琶式

【练法】

1.左脚向后（偏左）撤半步，身体重心移至左腿。上体左转，左臂屈收，左掌带至左胸前，掌心斜向下；右掌随之向前、向上画弧至体前，掌心斜向左。目视前方。（图12.1～图12.3）

2.上体微右转；右掌微向下沉，前臂微外旋，掌心向左，成侧立掌，指尖与鼻尖相对；左掌自左胸前向前合于右臂内侧，掌心向右，与右肘相对。右脚提起微移，脚跟着地，右膝微屈，成右虚步。面向正西，目视右掌。（图12.4、图12.5）

图 12.1

图 12.2

【要点】

定式时，两臂轻轻沉合，注意正头、竖颈、松腰、沉肩，上体正直，方向转为正西。

图 12.3

图 12.4

图 12.5

第十三式　搂膝栽捶

【练法】

1.上体左转，右脚收于左脚前，脚尖点地。两掌下捋至腹前，掌心斜相对。目视前方。（图13.1）

2.右脚向前迈半步，脚跟着地。两掌翻转提到胸前，掌心相对，左掌附于右前臂内侧。（图13.2）

3.右脚踏实，重心前移至右腿，随之左脚跟进落于右脚后侧，前脚掌着地。上体稍右转，右掌向左、向前画平弧，掌心向上，高与肩平；左掌掌心向下附于右前臂内侧。目视右掌。（图13.3、图13.4）

4.重心移向左腿，右脚脚跟提起。上体左转，左前臂外旋，左掌向下、向后画弧上举，手心斜向上，高与头平；右掌经面前向左画弧，按于左胸前，掌

图 13.1

图 13.2

图 13.3

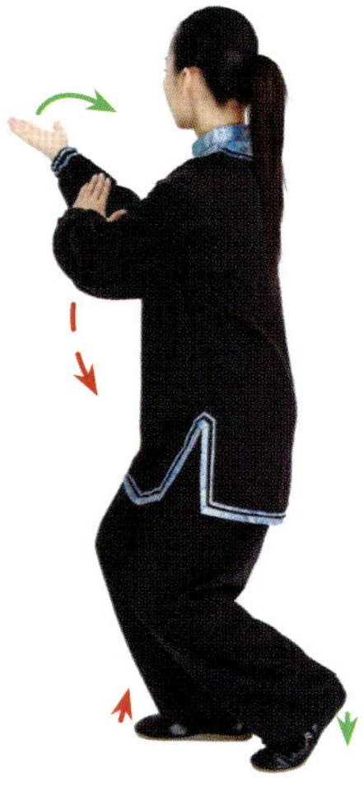

图 13.4

心向下。目视左掌。（图13.5、图13.6）

5.上体右转，右脚提起向前迈步。左掌变拳屈肘至左耳侧；右掌下按于腹前。（图13.7）

6.重心前移，右脚踏实，成右弓步。右掌向下经右膝前搂过，按于右胯旁，掌指向前；左拳向前下方打出，拳心向后，拳面斜向前下方，高与腹平。（图13.8）

【要点】

1.两臂沿平圆和立圆交替画弧，衔接力求圆活，要以腰带动。

2.定式时，上体不可过于前倾，步形为拗弓步。凡拗弓步步形（搂膝拗步、左右穿梭等）要注意保持两脚间的较大跨度，做到重心稳定，上体自然。

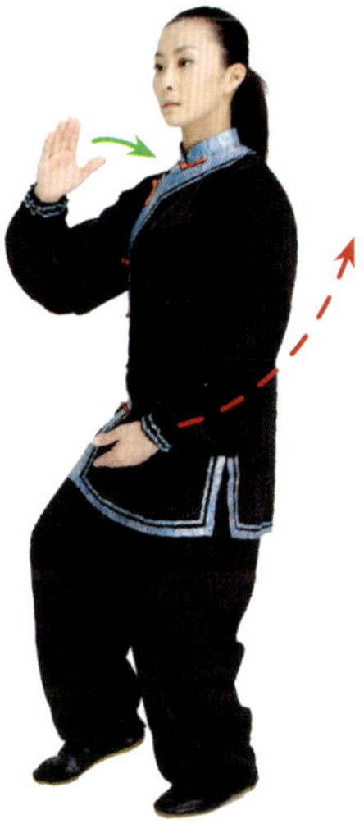

图 13.5

图 13.6

图 13.7

图 13.8

第十四式　白蛇吐信

【练法】

1.重心后移，右脚脚尖翘起。左拳上提至右胸前；右掌上托，与肩同高。目视右掌。（图 14.1）

2.上体右转，右脚内扣，向左后方转身，重心右移；左脚提起再上步，右脚脚跟随转体离地扭转，两脚交叉相叠，右膝接近左腿腘窝，成歇步。左拳变掌，经体前下落，收至腰间，掌心向上；右掌经耳侧向前推出，高与胸平，掌心向前。（图 14.2 ~图 14.4）

图 14.1

图 14.2

图 14.3

图 14.4

3.重心前移，右脚提起向前上一步。左掌向上卷收，右掌翻转向上。右脚脚尖外撇，上体右转，左脚脚跟随转体离地扭转，两腿交叉相叠成歇步。左掌经耳侧向后、向前推出，掌心向前，高与胸平；右掌向下、向后收于腰间，掌心向上。（图14.5～图14.7）

【要点】

1.左脚向外扭转时，应原地提起，然后横落体前。

2.转身和上步要保持上体正直，不要歪扭。

3.歇步时，两腿半蹲，左膝接近右膝腘窝处，重心略偏于右腿。

图 14.5

图 14.6

图 14.7

第十五式　拍脚伏虎

【练法】

1.重心前移，左脚向前垫步。左掌向左下方画弧，右掌向后、向上画弧，停于头右侧，准备拍脚。目视前方。（图15.1、图15.2）

图 15.1

图 15.2

2.左脚落实，左腿支撑，右脚向前、向上踢出，脚面自然伸平。右掌向前击拍右脚面；左掌向后、向上画弧，平举于身体左后方，掌心向外，高与肩平。目视右掌。（图15.3、图15.4）

图 15.3

图 15.4

3.右腿屈膝向左前方盖步落下，左脚在右脚落地之际随即提起脚跟；两掌同时向右平摆，掌心均向下。目视右掌。（图15.5、图15.6）

4. 左脚向左侧（正北）上步，两掌随左转体经腹前向下、向左画弧。（图15.7）

5. 两掌逐渐变握拳，左拳经左向右屈肘平贯，停于左额前，拳心斜向外；右拳向左平贯，停于左肋前，拳心斜向下。松腰、松胯。目转视右前方（正东）。（图15.8、图15.8附图）

图 15.5

图 15.6

图 15.7

图 15.8

图 15.8 附图

6.重心后移，左脚脚尖内扣。上体右转，两拳变掌，左掌收于胸前，掌心斜向上；右掌掌心斜向下，从左前臂上方穿出。（图15.9）

7.右脚提起，经左脚内侧向前（正东）垫步。左掌向下、向后、向上画立圆，至头左侧，掌心向前，准备拍脚；右掌向前、向下画立圆，停于右胯旁。（图15.10～图15.12）

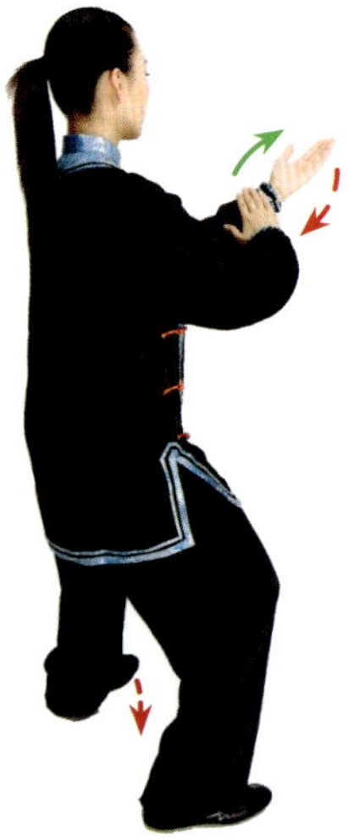

图 15.9

图 15.10

图 15.11

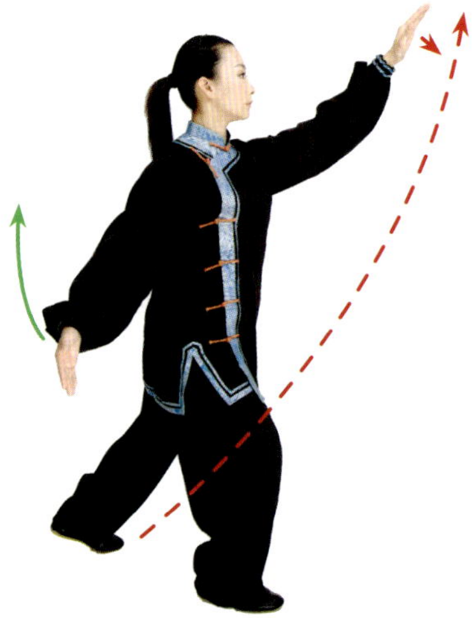

图 15.12

8.右腿支撑，左腿向前、向上踢出，脚面伸平。左掌向前击拍左脚脚面；右掌向后、向上画弧，平举于身体右后方，腕高与肩平，掌心向外。目视左掌。（图15.13）

9. 左腿屈膝向右前方盖步落下，右脚在左脚落地之际随即提起脚跟，两掌同时向左平摆，掌心均向下。（图15.14、图15.15）

图 15.13

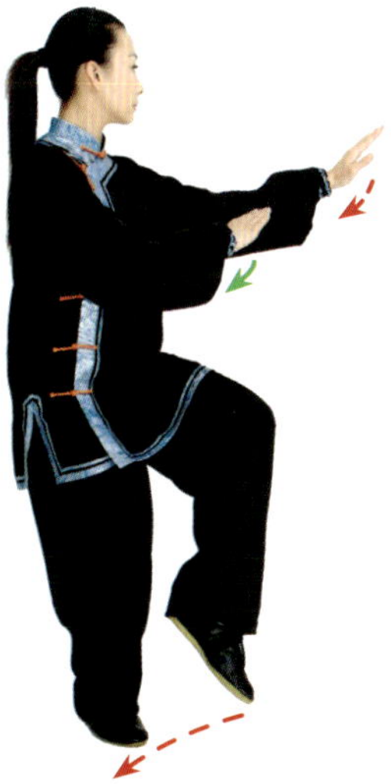

图 15.14

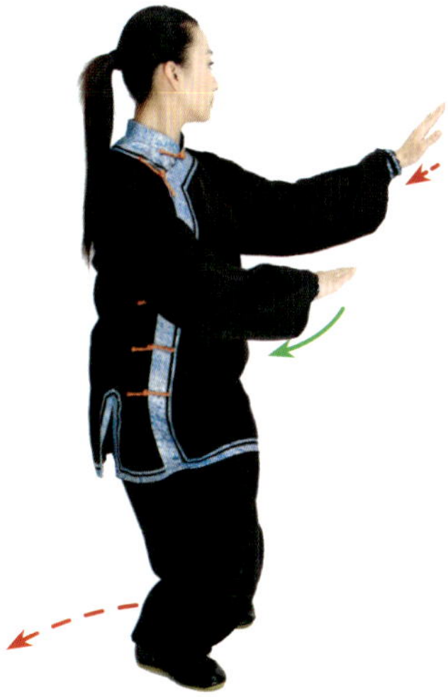

图 15.15

10.右脚向右侧上步，两掌向腹前下捋，身体右转。两掌经腹前向下、向右画弧，逐渐变握拳。（图15.16）

11.右拳向左屈肘平贯，停于右额前，拳心斜向外；左拳向右平贯，停于右肋前，拳心斜向下。松腰、松胯。目转视左前方。（图15.17）

【要点】

1.拍脚前，两臂动作要与上步协调配合，不可上下脱节，也不要挺胸直臂。

2.拍脚时，支撑腿微屈站稳，拍脚高度因人而异，不可弯腰憋气、强求高度。

3.拍脚后，先折收小腿，再盖步落地。落地要轻缓，不要故意腾空纵跳，落点不要太远，应偏于侧前方。

4.拍脚后，也可向身后插步落地，随之向体侧撤步转体，接做伏虎式。插步时也要落脚轻缓，移动平稳。

图 15.16

图 15.17

第十六式　左撇身捶

【练法】

1.重心后移，右脚内扣。上体左转，右拳变掌，掌心斜向上，收于胸前；左拳亦变掌，掌心斜向下，从右前臂上方向前穿出。目视右掌。（图16.1）

2.上体左转，右脚内扣踏实，身体重心移至右腿，左脚提起，上体稍右转。左掌向左、向前、向下画弧，与腰同高，掌心斜向后；右掌向下、向后、向上画弧至体侧。（图16.2、图16.3）

图 16.1

图 16.2

图 16.3

3.左脚收至右脚内侧。左掌下落，握拳收至小腹前，拳心斜向内，拳眼向右；右掌向左、向下画弧，翻掌附于左前臂内侧。（图16.4）

4.上体稍左转，左脚向左前方（东北）迈出一步，左拳从左肩向上画弧。（图16.5）

5.重心前移，成左弓步。左拳经面前向前撇打，拳心斜向上，腕高与肩平；右掌仍附于左前臂内侧。目视左拳。（图16.6）

【要点】

1.撇拳前，右脚内扣不要过大，左掌应向正东方向穿出。

2.回收时，两手交叉画圆，左掌边收边握拳，不要做成捋的动作。

3.整个动作要注意腰部的转动，做到周身协调一致。

图 16.4

图 16.5

图 16.6

第十七式　穿拳下式

【练法】

1.重心后移，左脚脚尖翘起微外展。上体稍左转，左拳变掌向上、向左画弧，右掌向下、向右画弧，两掌左右分开，掌心均向外。（图17.1）

2.左脚落实，重心前移。两掌继续画立圆，逐渐握拳，左拳拳心向内收于腹前，右拳拳心向内合于面前。（图17.2）

3.右脚收于左脚内侧。右臂掩肘下落，左拳从右前臂外侧上穿。左腿屈膝，右脚向右侧（正东偏南约30度）伸出，成右仆步。（图17.3、图17.3附图、图17.4）

图 17.1

图 17.2

图 17.3

图 17.3 附图

4.左腿屈蹲，上体右转。右拳经腹前沿右腿内侧向右前方穿出；左拳向左后上方伸展；两拳拳眼均转向上。目视右拳。（图17.5）

【要点】

1.左脚脚尖外展不要过大，右脚提收后可稍点地停顿。

2.仆步方向应为正东偏南。仆步时，要先屈蹲左腿，随即右腿向右侧仆出（不要用右脚脚跟擦地滑出），然后转体穿拳。

3.两脚要全脚踏实，脚跟不可掀起。老年人可以放高姿势，左腿半蹲，做成半仆步。

图 17.4

图 17.5

第十八式　独立撑掌

【练法】

1.重心前移，右脚脚尖外展，左脚脚尖内扣，左腿微伸直。右拳略向上挑，左拳稍向下落，两拳拳眼仍向上。目视前方。（图18.1）

2.右脚蹬地，左脚提起。右拳变掌微内旋；左拳变掌下落，经腰侧向前、向上方穿掌。目视前方。（图18.2）

3.右腿微屈站稳，左腿屈膝提至体前，脚面展平，成右独立步。右掌向下按于左膝前，指尖向左；左掌从右前臂内侧上穿，并翻掌撑于头前上方，指尖向右，掌心斜向上。目视前方。（图18.3）

图 18.1

图 18.2

图 18.3

4.左脚向前（偏左）落步。左掌下落，右掌向下画弧至腰侧。目视斜前方。（图18.4）

5.重心前移，左脚踏实。右掌经腹前旋臂上穿，掌心向内。（图18.5）

6.身体左转，左脚蹬地，右腿屈膝提至体前，脚面展平，成左独立步。右掌经体前从左前臂内侧上穿，翻掌撑于头上，指尖向左，掌心斜向上；左掌下落按于左胯前，指尖向右。目视前方。（图18.6）

【要点】

1.做独立步时，支撑腿微屈，膝部不要僵挺。

2.向上穿掌时，要配合腰部的轻轻旋转。

3.撑掌时，上体保持正直，头向上顶，全身要松沉。

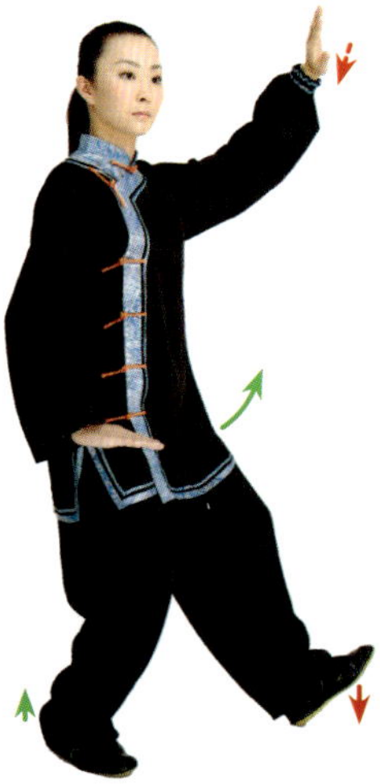

图 18.4

图 18.5

图 18.6

第十九式　右单鞭

【练法】

1.右脚向后撤一步，左腿屈蹲，成左弓步。左掌翻转向上，自右前臂上方向上、向前伸出，右掌向前、向下落，屈收至左肘下方，掌心向下。目视左掌。（图19.1）

2.重心后移，两掌翻转，左掌掌心向下，右掌掌心向上，自体前向下、向后一齐捋回。（图19.2）

3.上体稍右转，左掌经腹前翻转上举，高与胸平，掌心向内；右掌向下旋臂翻转上举。上体稍左转，右掌屈肘合于胸前，两掌掌心相对，右掌掌指附于左前臂内侧。（图19.3、图19.4）

图 19.1

图 19.2

图 19.3

图 19.4

4.重心前移，左腿屈膝前弓，右掌前推，两臂撑圆。（图19.5）

5.重心后移，左脚脚尖上翘。上体左转，左掌掌心翻转向上，屈肘向左、向后画平圆，高与肩平；右掌掌指附于左前臂内侧，随之画圆。目随左掌。（图19.6）

6.上体右转，左脚脚尖内扣落实，重心移至左腿；右脚回收至左脚内侧。左掌随左前臂内旋，向左前方按出；右前臂微外旋，右掌掌心转向内，附于左前臂内侧。目视左掌。（图19.7～图19.9）

图 19.5

图 19.6

图 19.7

图 19.8

7.上体稍右转，右脚向右前方（正西稍偏北）迈出，重心前移，成右弓步。左掌随之变成勾手；右掌随转体慢慢翻掌并向前推出，掌指向上，掌心向前，指高与鼻平，右肘与右膝上下相对。目视右掌。（图19.10、图19.11）

【要点】

1.弓步方向应略偏向西北。胸部舒展内含，肘、肩都要松沉，手臂不要僵直，两臂不要伸成一条直线。

2.推掌要走弧形，边翻边推，并与转腰相配合，到终点时松肩塌腕，向下沉劲。

图 19.9

图 19.10

图 19.11

第二十式 右云手

【练法】

1.上体左转，重心移向左腿，右脚脚尖内扣。右掌向下、向左画立圆至腹前。目视勾手。（图20.1）

图 20.1

图 20.2

2.右掌经面前向右画立圆，掌心向内；左勾手变掌，向下经腹前画立圆，左前臂外旋，掌心由外逐渐转内。身体重心渐渐移向右腿，上体和视线均随右掌转动。（图20.2、图20.3）

3.上体继续右转，右掌画弧至身体右侧，前臂内旋，掌心翻转向外、向下；左掌向上画弧至右胸前，掌心斜向内。左脚向右脚收拢，脚跟下落，成小开立步，两脚相距 10 ~ 20 厘米，脚尖向前。（图20.4、图20.5）

图 20.3

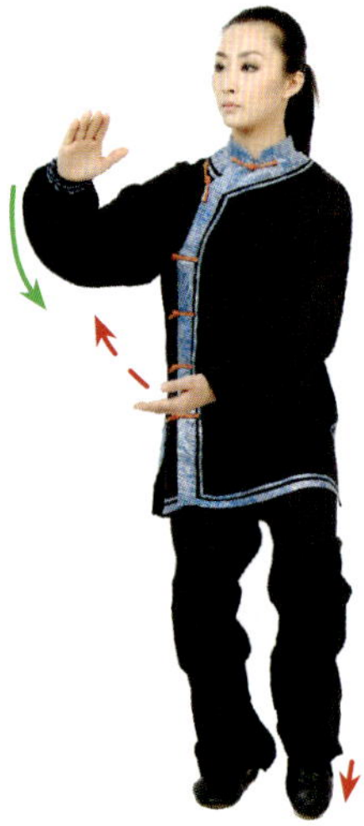

图 20.4

4.上体左转，重心移向左腿；右脚向右侧跨一步，脚尖着地。左掌经面前向左、右掌经腹前向左画立圆。上体和视线均随左掌移动。（图20.6）

5.上体继续左转，两掌云至身体左侧时逐渐翻转，左掌掌心翻转向斜下，右掌掌心翻转向斜上。（图20.7）

6.重心移至右腿，上体右转，左脚收并，两脚相距10～20厘米。右掌经面前向右画立圆，左掌经腹前向右做立圆云转，云至身体右侧时，两掌逐渐翻转。上体和视线均随右掌转动。（图20.8～图20.11）

图 20.5

图 20.6

图 20.7

图 20.8

7.右云手再重复一次，动作同前。（图20.12～图20.17）

【要点】

1.两脚要平行向右移动。

2.开步和并步要轻提轻落，前脚掌内侧先着地。整个动作要均匀、平稳、连贯，以腰为轴，上体要保持正直。

3.两掌云转时，上掌掌指高不过眉，下掌掌指低不过裆，翻掌不可突然。

图 20.9

图 20.10

图 20.11

图 20.12

图 20.13

图 20.14

图 20.15

图 20.16

图 20.17

第二十一式　右左野马分鬃

【练法】

1.重心移至左腿，上体右转，两掌继续向左云转，至体前时，两掌翻转相对呈“抱球”状，右脚轻轻提起。（图21.1、图21.2）

2.上体稍右转，右脚向前（偏右）迈出一步，脚跟着地。（图21.3）

3.右腿前弓，成右弓步。两掌随转体分别向右上和左下分开；右掌掌指高与鼻平，掌心斜向上；左掌按于左胯旁，掌心向下，指尖向前。目视右掌。（图21.4）

4.上体后坐，右脚脚尖外展，身体稍右转。右臂内旋，掌心向下；左臂外旋，掌心向上；两掌右上、左下在胸前“抱球”。目视前方。（图21.5）

图 21.1

图 21.2

图 21.3

图 21.4

图 21.5

5.上体稍右转，重心前移至右腿，左脚收于右脚内侧。（图21.6、图21.7）

6.上体左转，左脚向前（偏左）迈出一步，脚跟着地。（图21.8）

7.左腿前弓，成左弓步。两掌随转体分别向左上和右下分开；左掌掌指高与鼻平，掌心斜向上；右掌按于右胯旁，指尖向前。目视左掌。（图21.9）

【要点】

1.右左野马分鬃较前掤动作更展开一些，前臂稍向外斜，腰扭转幅度也较大，所以两脚跨度应加大一些。

2.弓步时，分掌和弓腿要协调一致，后腿边蹬直，脚跟边外展，两脚夹角为45～60度。类似动作皆应如此处理。

图 21.6

图 21.7

图 21.8

图 21.9

第二十二式　高探马

【练法】

1.重心前移至左腿，右脚前收。左掌微外旋；右掌自下向后平举，高与肩平，掌心转向上。（图22.1）

2.右脚前脚掌落地，踏实右脚，重心后移。上体微向右再向左转，左脚脚跟提起，前脚掌着地。右掌卷收至耳侧。（图22.2）

3.左脚抬起向前垫步，前脚掌着地，成左虚步。左掌下落收至腰前，掌指向前，掌心向上；右掌向前推出，掌心斜向前。目视右掌。（图22.3）

【要点】

跟步、坐腿和垫步时，腰部都要自然地微微左右转动，防止俯身、凸臀和高低起伏。

图 22.1

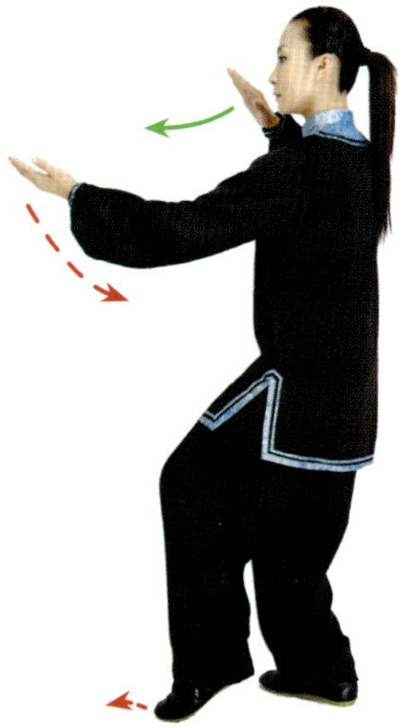

图 22.2

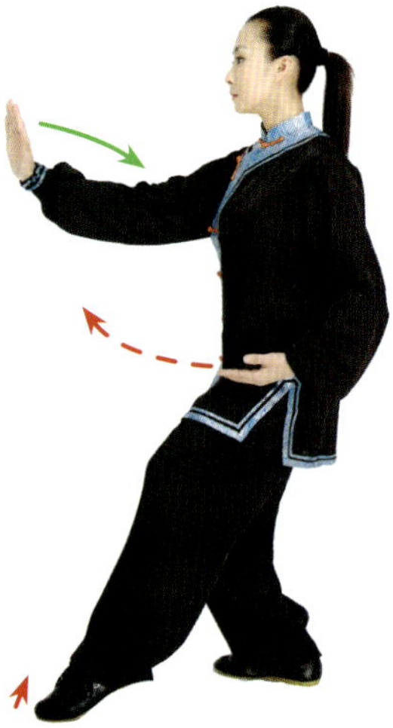

图 22.3

第二十三式　右蹬脚

【练法】

1.上体左转，左脚轻轻提起上步，脚跟落地。右掌向右后带；左掌旋臂，并向左、向前画弧至左肩前，与肩同高。目视左掌。（图23.1、图23.2）

2.左脚落实，重心移向左腿。上体稍左转，左前臂向右画弧，掌心向上，稍向后收；右掌自左前臂上方穿出。（图23.3）

3.重心前移，成左弓步。上体稍右转，右掌向前画圆至体前，掌心向下；上体稍左转，左掌向下、向后画圆下落至与腰同高，掌心向上。（图23.4、图23.5）

图 23.1

图 23.2

图 23.3

图 23.4

4.左掌继续由下向上，在体侧画弧打开；右掌向下画弧。重心前移至左腿，右脚脚跟提起。（图23.6）

5.右脚收于左脚内侧，右腿屈膝提起，腰部微向左再向右转。右掌向下、左掌向上继续画圆，至胸前时两腕相交，两掌合抱成斜十字，举于胸前，左掌在内，右掌在外，掌心均向内。目视右前方。（图23.7、图23.8）

图 23.5

图 23.6

图 23.7

图 23.8

6.左腿微屈站稳；右脚向右前方（西偏北约30度）慢慢蹬出，脚尖回勾，力在脚跟。两掌分别向右前和左后画弧撑开，肘部微屈，腕与肩平，掌心向外；右臂、右腿上下相对。目视右掌。（图23.9）

【要点】

1.蹬脚前，两掌的转换要与腰部旋转相配合，掌运转路线（平圆、立圆）要衔接，动作要圆活。

2.蹬脚时，两掌向斜前、斜后弧形撑开，不可直推猛撑。

3.蹬脚要匀、要稳，上体保持自然正直，不要勉强弯腰低头、憋气。

图 23.9

第二十四式　双峰贯耳

【练法】

1.右小腿收回，右膝平屈，脚尖自然下垂；左腿屈膝。左前臂外旋，左掌掌心由后向上、向前画弧下落；右掌掌心翻转向上，与左掌平行落于右膝上方。目视前方。（图24.1）

2.右脚向前方（西偏北约30度）落下，脚跟先着地，然后落实。两掌下落，经两胯旁慢慢握拳。目视前方。（图24.2、图24.3）

3.重心前移，成右弓步。两拳分别从两侧向上、向前贯出，高与耳齐，两拳拳眼斜向下，相距约一头宽，两臂成钳形。目视前方。（图24.4）

【要点】

1.练习时，不可低头弓腰，耸肩扬肘。

2.身体方向与右蹬脚一致，皆为西偏北。

图 24.1

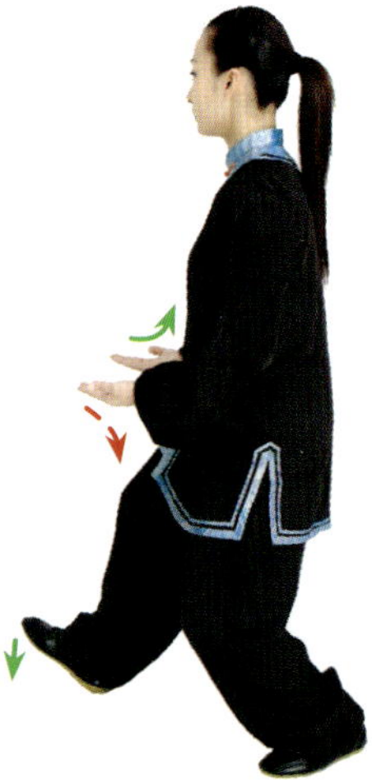

图 24.2

图 24.3

图 24.4

第二十五式　左蹬脚

【练法】

1.重心后移，右脚脚尖翘起微外展。两拳变掌，向左右分开，掌心皆向外。目视前方。（图25.1）

2.重心前移，左脚收于右脚内侧，左腿屈膝提起，腰稍向右再向左转。两掌分别从左右侧向下、向内画弧，在胸前交叉抱成斜十字形，左掌在外，右掌在内，掌心均向内。（图25.2、图25.3）

3.右腿微屈站稳，左脚向左前方（西偏南约30度）慢慢蹬出，脚尖回勾，力在脚跟。两掌分别向左前和右后画弧撑开，肘部微屈，腕与肩平，左臂、左腿上下相对。目视左掌。（图25.4）

【要点】

同右蹬脚，唯左右相反（方向为西偏南）。

图 25.1

图 25.2

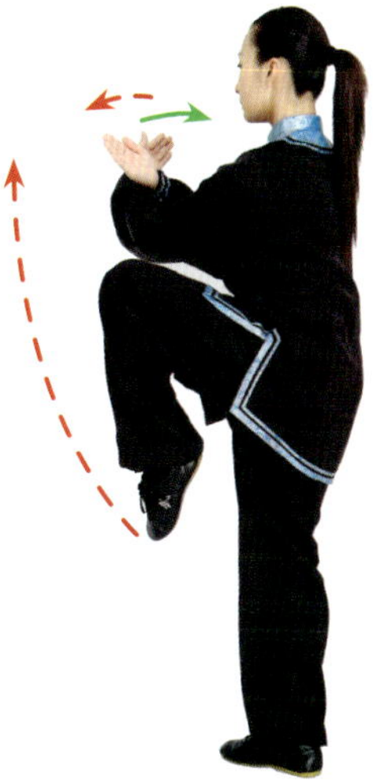

图 25.3

图 25.4

第二十六式　掩手撩拳

【练法】

1.左小腿收回，左膝平屈，脚尖自然下垂，左脚收回落于右脚内侧，脚尖点地。上体微向右转，两掌自两侧向上、向内画弧，举于肩前，右掌变拳，两掌掌心均向内。（图26.1、图26.2）

2.左脚向左前方（西南）迈出一步，脚跟着地。上体向右拧转，两臂外旋，向怀中掩裹下落至右腰间，右拳落于左掌掌心上，手心均向上。（图26.3、图26.3附图）

图 26.1

图 26.2

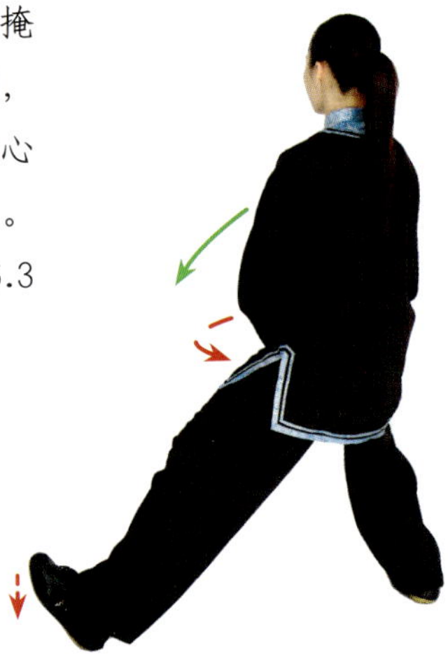

图 26.3

图 26.3 附图

3.上体左转，重心左移，左腿前弓，右腿蹬展，成左弓步。左掌随左转腰握拳收至左腰间，拳心向上；右拳随上体左转，向前（正面）直臂撩出（也可快速发力撩弹），高与腹平，拳眼向左，拳面斜向前下。（图26.4）

【要点】

1.步形为左弓步（方向西偏南），撩拳方向为正西。撩拳后要松肩、垂肘、顺肩。

2.如果采取快速发力练法，要注意周身完整，腰腿发力，弓步斜向和顺肩程度较前稍大。前臂弹抖要快速松展，拳高不过肩，前后衔接，圆活自然，气势贯穿。

图 26.4

第二十七式　海底针

【练法】

1.右脚跟进半步，在左脚侧后方落下，前脚掌先着地，然后全脚踏实。左拳变掌，翻转至肩前，掌心向下；右拳变侧掌下落。（图27.1）

2.上体右转，身体重心后移至右腿；上体稍右转，左脚轻轻提起。右掌向下画弧，经体右侧向上抽提至右耳旁；左掌向下画弧，按至腹前。（图27.2）

3.上体左转；右手从耳侧向前下方插掌，指尖斜向前下，掌心向左；左手向左画弧按于左胯旁，掌指向前。左脚向前移半步，前脚掌着地，成左虚步。塌腰、沉肩。（图27.3）

【要点】

1.跟步和坐腿时，要配合腰部自然旋转。

2.定式时，右肩前顺，上体可稍向前倾。

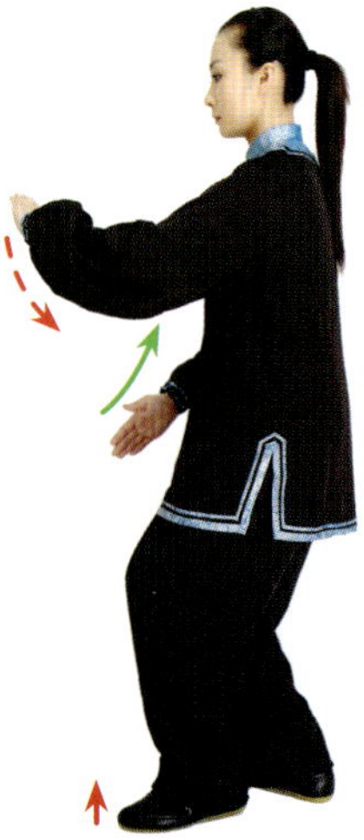

图 27.1

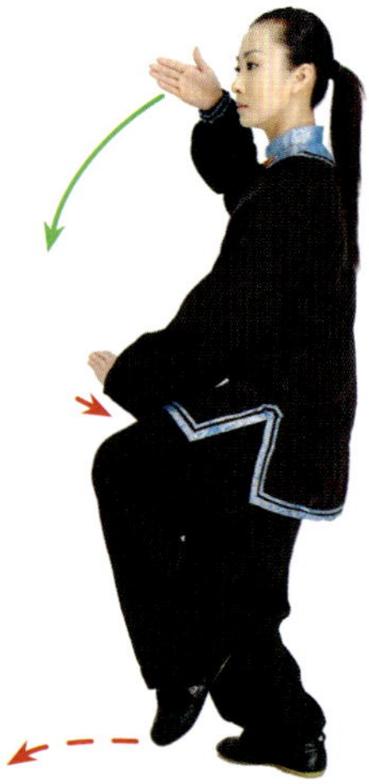

图 27.2

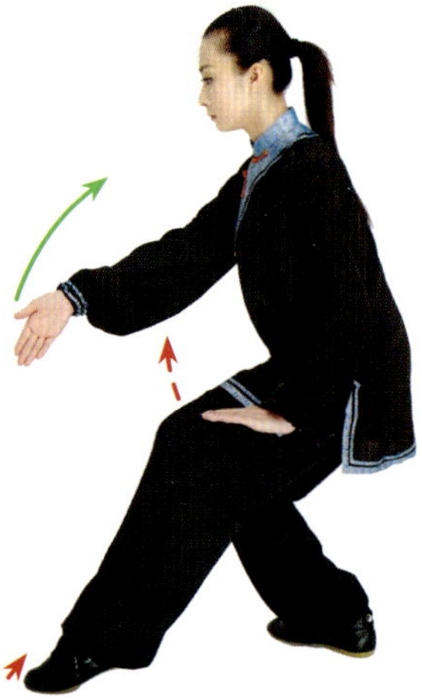

图 27.3

第二十八式　闪通背

【练法】

1.上体微右转，左脚提起，两掌上提，左掌掌指附于右腕内侧。目视前方。（图28.1）

2.左脚上步，脚跟着地，重心前移，成左弓步。右掌经面前翻掌上撑，停于右额旁，掌心斜向上，指尖向左；左掌经胸前向前推出，掌心向前，高与鼻平。（图28.2、图28.3）

【要点】

1.提掌时，不要耸肩吊肘。

2.定式时，要向前、向下松腰，右胯不要外敞。

图 28.1

图 28.2

图 28.3

第二十九式　右左分脚

【练法】

1.重心移至右腿，上体向右后转动，两掌向两侧由上向下画弧。（图29.1）

2.左脚脚尖充分内扣，重心左移；右脚收回，脚尖点地（也可不点地）。两手先向下再向体前画弧，掌心均向内。（图29.2）

3.两掌在腹前交叉，继而合抱于胸前，成斜“十”字形，左掌在内，右掌在外。左腿微屈站稳，右腿屈膝提起。（图29.3）

4.右脚向右前方（正东偏南）慢慢踢出，脚面展平。两掌分别向右前和左后画弧撑开，掌心皆向外，腕高与肩平，肘部微屈；右臂与右腿上下相对。（图29.4）

图 29.1

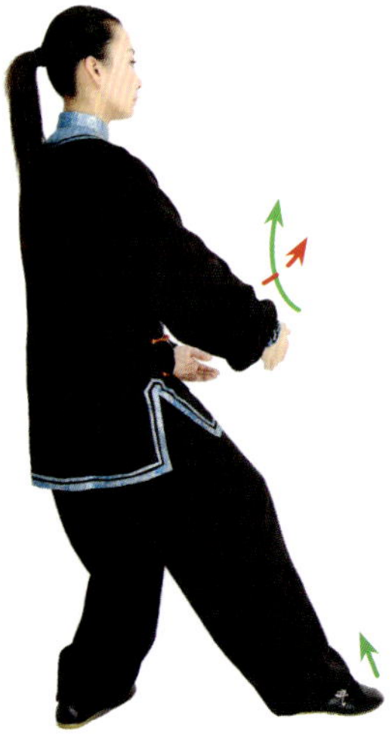

图 29.2

图 29.3

图 29.4

5.右腿屈收，右脚向右前方（东南）落下，脚跟着地。右前臂外旋，右掌掌心转向上并稍向内收；左掌下落，经左腰侧向前、向上画弧，并从右前臂上方穿出，掌心斜向上。（图29.5～图29.7）

6.右脚落实，重心前移。左掌向上、向前画弧，掌心向下；右掌向下、向后画弧，掌心向上。目视左掌。（图29.8、图29.9）

图 29.5

图 29.6

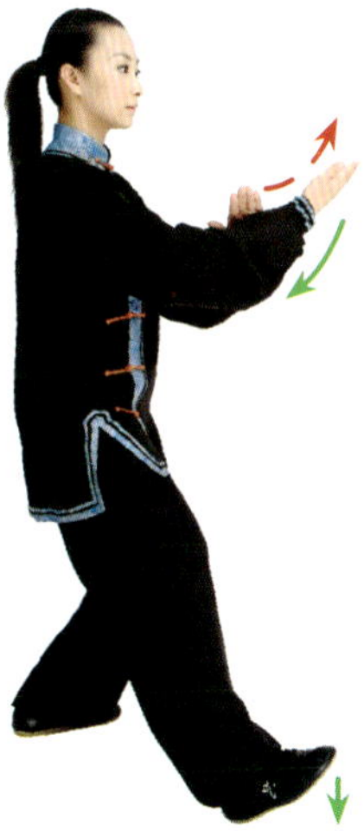

图 29.7

图 29.8

图 29.9

7.重心前移，左脚收至右脚内侧，左腿慢慢提膝，腰微向右再向左旋转。左掌向下、右掌由体侧向上继续画圆弧至胸前时，两掌腕部交叉，合抱成斜“十”字形（左外右内），两掌掌心皆向内。目视左前方（正东偏北）。（图29.10～图29.12）

图 29.10

图 29.11

8.右腿微屈站稳；左脚向左前方（正东偏北）慢慢踢出，脚面展平。两掌分别向左前和右后画弧撑开，掌心皆向外，腕高与肩平，肘部微屈；左臂与左腿上下相对。目视左掌。（图29.13）

【要点】

同右蹬脚。

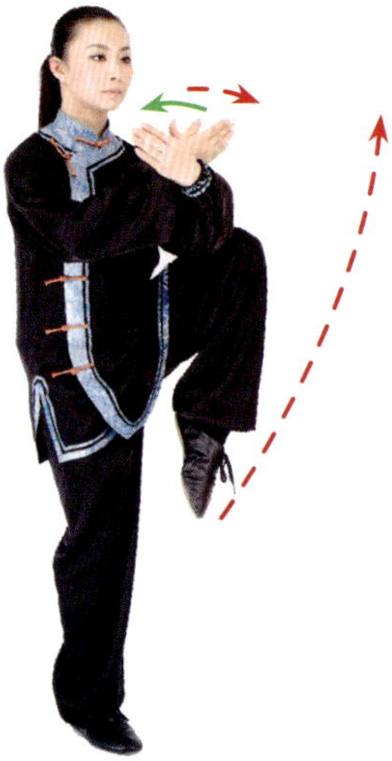

图 29.12

图 29.13

第三十式　搂膝拗步

【练法】

1.左腿屈收，左脚落于右脚内侧。上体右转，右掌翻转上举，高与头平；左掌随转体向上、向右画弧落于右胸前，掌心向下。目视右掌。（图30.1）

2.上体左转，左脚向前（偏左）迈出一步，脚跟着地。左掌下落画弧至腹前，右掌屈收至耳侧。（图30.2）

3.重心前移，成左弓步。左掌经左膝前搂过，按于左胯前，掌指向前；右掌向前推出，掌心斜向前，高与鼻平。目视右掌。（图30.3、图30.4）

图 30.1

图 30.2

图 30.3

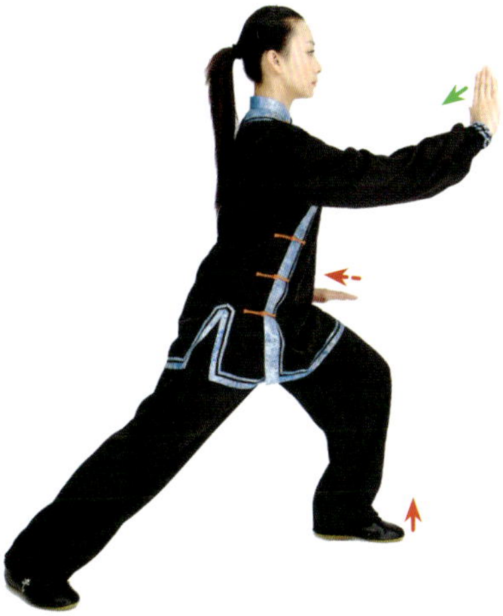

图 30.4

4.重心后移，左脚脚尖翘起外展。上体左转，两前臂外旋，右掌掌心转向左，左掌掌心转向上。（图30.4、图30.5）

5.左脚踏实，重心前移，右脚提起向前（偏右）上步，接着做右搂膝拗步。动作同左式，唯左右相反。（图30.6～图30.11）

【要点】

推掌时，肩略向前顺，松腰、沉肩，上体正直。

图 30.5

图 30.6

图 30.7

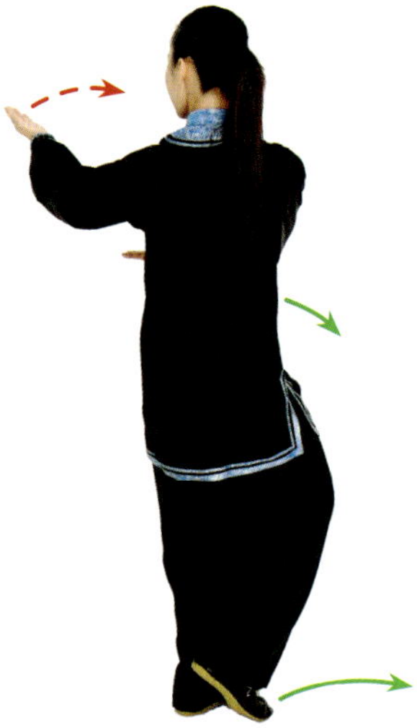

图 30.8

图 30.9

图 30.10

图 30.11

第三十一式　上步擒打

【练法】

1.重心后移，右脚脚尖翘起并外展。左掌翻转向上并微向后收；右掌屈肘，从左前臂上方向前穿出，掌心斜向外。（图31.1）

2.右脚落实，重心前移，身体右转。右掌自左向前、向右抹掌画弧；左掌向右、向后画弧，收于腹前。（图31.2）

3.左脚提起，向前上一步。右掌向外画弧，再握拳收于右腰间，拳心向上；左掌向左、再向前画弧，扣腕握拳停于体前，拳心向下，拳眼斜向内，高与肩平。（图31.3、图31.4）

图 31.1

图 31.2

图 31.3

4.左脚落实，重心前移，成左弓步。右拳自腰间向前打出，拳眼向上，高与肩平；左拳微向后收于右腕下方，拳心向下。目视右拳。（图31.5）

【要点】

穿掌外抹接两掌画弧要连贯圆活，腰部先向右转再向左转，将右拳打出。

图 31.4

图 31.5

第三十二式　如封似闭

【练法】

1.重心前移，右脚跟进半步，前脚掌着地。两拳变掌平分开，与肩同宽，掌心斜向上。（图32.1、图32.2）

2.重心后移，右脚落实，左脚提起向前上半步，脚跟落地。两掌慢慢收至胸前下按，两前臂边收边内旋，掌心翻转，两掌下落至腹前。目视前方。（图32.3、图32.4）

图 32.1

图 32.2

图 32.3

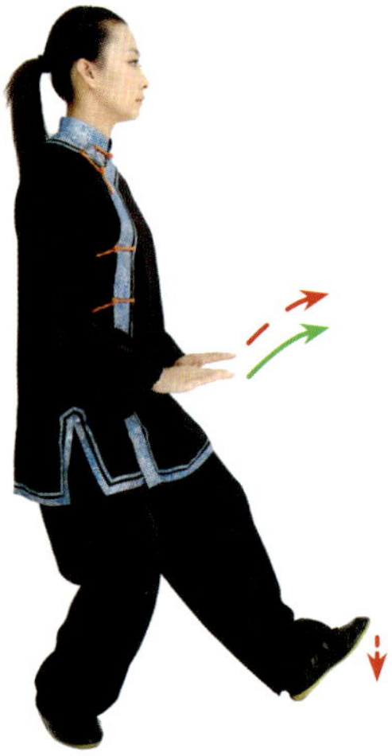

图 32.4

3.左腿屈膝，成左弓步。双掌向前平推，掌心向前下按，腕高与肩平。（图32.5、图32.6）

【要点】

1.两掌后收时，要边收、边分、边翻转，并以两肘牵引。不要肘部不动，前臂扬起向后卷收。

2.重心移动要虚实清楚，按掌和弓腿要协调一致。

图 32.5

图 32.6

第三十三式　左云手

【练法】

1.重心后移，左脚脚尖内扣。上体右转，右掌自左向右经面前画立圆，掌心向外；左掌自左经腹前向右画立圆，掌心由外转向内。上体及视线均随右掌转动。（图33.1、图33.2）

2.上体左转，重心移至左腿，右脚收于左脚内侧，两脚脚尖皆向前。左掌掌心向内，自右经面前向左立圆云转，至身体左侧时翻掌向外；右掌自右经腹前向左立圆云转，掌心由外转向内。上体及视线均随左掌转动。（图33.3～图33.6）

图 33.1

图 33.2

图 33.3

图 33.4

3.上体右转，重心移向右腿，左脚向左侧跨出一步，脚尖仍向前。右掌经面前向右立圆云转，左掌经腹前向右立圆云转，云至身体右侧时，两掌逐渐翻转。上体及视线均随右掌转动。(图33.7)

4.上体左转，重心移至左腿，右脚收于左脚内侧，脚尖皆向前。左掌经面前向左立圆云转，右掌经腹前向左立圆云转，两掌云至身体左侧时，左掌掌心转向外，右掌掌心转向内。上体及视线均随左掌转动。(图33.8～图33.11)

图 33.5

图 33.6

图 33.7

图 33.8

5.上述动作再重复一次，唯最后收并右腿时，右脚内扣约45度。（图33.12～图33.16）

图 33.9

图 33.10

图 33.11

图 33.12

【要点】

1.同右云手，唯行进方向向左。

2.第三次收右步时，注意内扣右脚，以便转接下个动作。

图 33.13

图 33.14

图 33.15

图 33.16

第三十四式　右撇身捶

【练法】

1.重心右移，左脚脚踝抬起。左掌翻转，掌心向上，经体前画弧屈肘下落，与胸同高；右掌掌心翻转向前下，抬臂，右掌略高于左掌。（图34.1）

2.左脚向身后（西北）撤一步，右腿屈弓，成右弓步。左掌向体前画弧，回收于腹前；右掌经左前臂上方向前伸探，停于体前，腕高与肩平。（图34.2）

3.重心后移于左腿，右脚收至左脚内侧，脚尖点地。上体左转，右掌下落变拳收至小腹前，拳眼向左；左掌向左、向上、再向体前画弧，翻掌向下，立于右前臂内侧。头随身转，目视前方。（图34.3、图34.4）

图 34.1

图 34.2

图 34.3

4.身体微右转，右脚仍向前（东南）迈出。右拳从腹前经左肩向上画弧，拳心向内。（图34.5）

5.重心前移，右腿屈膝，左腿伸直，成右弓步。右拳上提经左胸前向上、向前撇出，拳心斜向上，高与头平；左掌附于右前臂内侧，随之一起向前撇出。目视右拳。（图34.6）

【要点】

1.定式方向为东南，步形成右弓步，两腿不要歪拧、交错。

2.其他参考左撇身捶。

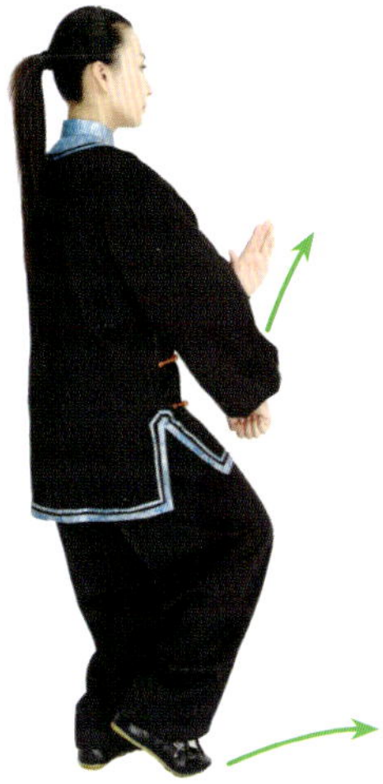

图 34.4

图 34.5

图 34.6

第三十五式　左右穿梭

【练法】

1.重心后移，右脚脚尖翘起内扣，上体稍左转，右脚落实。左掌屈肘稍向后收落，再自右前臂上方穿出，掌心斜向下；右拳变掌，稍向后收，掌心斜向上。目视右掌。（图35.1、图35.2）

2.上体稍左转，重心移至右腿，右腿屈弓，成右弓步。左掌向左前方抹掌，右掌收于左肘内侧下方，两掌掌心斜相对。目视左掌。（图35.3）

3.上体稍右转，两掌自前向下捋回，右掌捋至右腹前，掌心向上；左掌捋至右掌左上方，掌心斜向下。左脚收至右脚内侧。目视左前方。（图35.4）

图 35.1

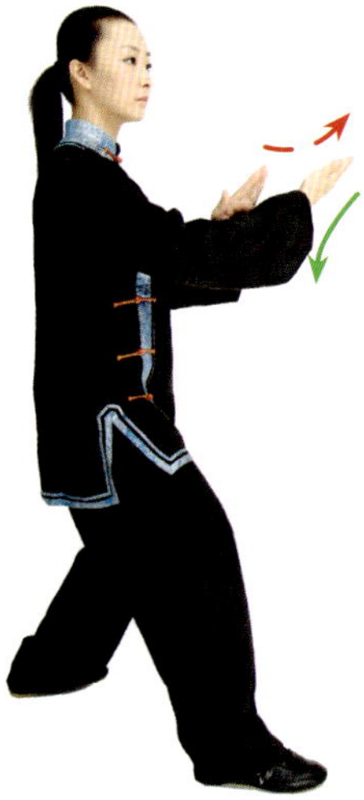

图 35.2

图 35.3

图 35.4

4.左脚向左前方（东北）迈出一步，两脚横向距离约30厘米，脚跟落地，重心前移，成左弓步。左前臂外旋，右前臂内旋；两掌上提至胸前，右掌掌指附于左腕内侧，随重心前移自右向前画平圆，左掌掌心斜向上，右掌掌心斜向下，高与肩平。目视左掌。（图35.5～图35.7）

图 35.5

图 35.6

5.上体左转，左臂屈肘，左掌向左、向后画平圆，掌心斜向上，右掌仍附于左腕内侧。右脚向前跟进半步，前脚掌着地。目视左掌。（图35.8）

图 35.7

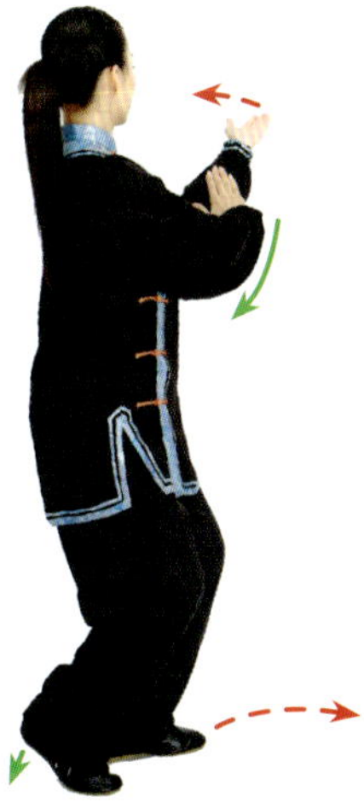

图 35.8

6.右脚落实，重心后移至右腿，左脚提起，上体右转。右掌自左前臂内侧收于腰间，掌心向下，指尖向左；左前臂内旋，左掌翻转，掌心斜向前。目视右前方。（图35.9）

7.左腿屈膝成左弓步，上体左转，左掌上架于左额前上方，掌心斜向上；右掌向前推出，掌心向前，腕高与肩平。目视右掌。（图35.10、图35.11）

8.重心后移，左脚脚尖翘起内扣，继而全脚落实。上体稍右转，左臂外旋，左手掌心斜向上落于体前；右掌稍回收，再从左前臂上方穿出。（图35.12、图35.13）

图 35.9

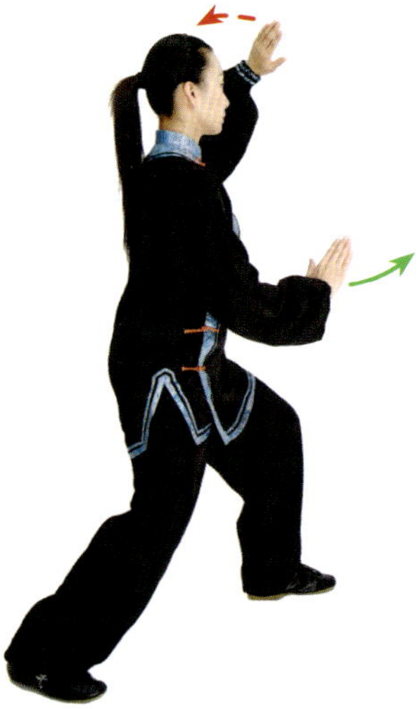

图 35.10

图 35.11

图 35.12

9.重心前移成左弓步。上体右转，右掌向右前方抹掌，左掌收于右肘内侧下方，两掌掌心斜相对。目视右掌。（图35.14）

10.上体微左转，两掌自前向下捋回，左掌捋至左胯旁，掌心向上；右掌捋至腹前，掌心斜向下。右脚收于左脚内侧，脚尖着地。目视右前方。（图35.15）

11.右脚向右前方（东南）迈出一步，重心前移，成右弓步。两前臂旋转，两掌向上收至胸前，左掌掌指轻附于右腕内侧，随重心前移自左向前画平圆，右掌掌心斜向上，左掌掌心斜向下，高与肩平。目视右掌。（图35.16～图35.18）

图 35.13

图 35.14

图 35.15

图 35.16

12.上体右转，左脚向前跟进半步，前脚掌着地。右臂屈肘向右、向后画平圆；左掌仍附于右腕内侧。目视右掌。（图35.19）

13.左脚落实，重心移至左腿，右脚向前（东南）迈出一步，两脚横向距离约30厘米。上体左转，左掌收至左胯前，指尖向前；右前臂内旋，右掌掌心斜向前。（图35.20）

图 35.17

图 35.18

图 35.19

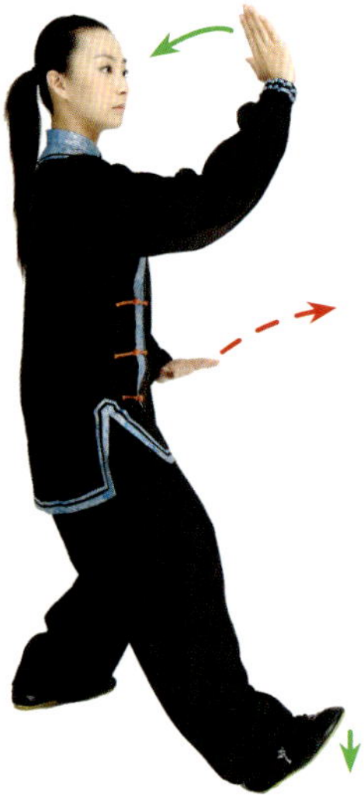

图 35.20

14.右腿屈膝，成右弓步。上体右转，右掌上架于右额前上方，掌心斜向上；左掌向前推出，指尖与鼻平，掌心向前。目视左掌。（图35.21）

【要点】

1.手脚动作配合要协调，应大体做到扣脚（扣到和中线大体平行）和穿掌一致，弓腿和抹掌一致，下捋和收脚一致，翻掌向前画平圆与上步弓腿一致，向后画平圆和跟步一致，翻掌和后坐一致，前推、上架和上步弓腿一致。

2.定式方向分别为东北和东南。步形为拗弓步，跨度应保持在30厘米左右。上体要直，胯要正，忌吊肘、歪身和扭胯。

图 35.21

第三十六式　退步穿掌

【练法】

1.重心后移至左腿。上体左转，左掌向左、向后画弧至左腰侧，掌心向上；右前臂向外旋，右掌落于体前，掌心斜向下。目视右掌。（图36.1）

2.右脚提起经左脚内侧向后（正西）撤步，左腿屈膝，成左弓步。右掌下按，落于左肘下方；左掌经右前臂上方向前上方穿出，高与肩平。目视左掌。（图36.2、图36.3）

【要点】

1.坐腿要充分，收脚要轻，退步要稳，方向转为正东。

2.上下要配合，手的动作不要过快。

图 36.1

图 36.2

图 36.3

第三十七式　虚步压掌

【练法】

1.重心后移，左脚内扣。上体右后转，右掌收至腹前，左掌举于左额上方。（图37.1、图37.2）

2.重心后移至左腿，右脚提起，脚尖转向前，成右虚步。上体向下松沉，微向前俯；左掌自上而下横按于右膝上方，掌心向下，拇指向内；右掌按于右胯旁，掌指向前。目视前下方。（图37.3、图37.4）

【要点】

1.转身成虚步时，右脚要稍向右调整移动，做到松腰、松胯。

2.压掌时，要顺肩转腰，不要低头弯腰，上体不要过于前俯。

图 37.1

图 37.2

图 37.3

图 37.4

第三十八式　独立托掌

【练法】

左脚蹬地，左腿微屈站稳；右腿屈膝提起，脚尖自然下垂，成左独立步。上体左转，右掌翻转上托，举于体前，掌心向上，腕高与胸平；左掌向左、向上画弧，撑于体侧，腕略高于肩，掌心向外，掌指斜向前上。目视右掌。（图38.1、图38.2）

【要点】

1.蹬起、转腰、托掌三者要协调一致。

2.定式时，松腰、含胸、沉肩、坠肘、沉腕，微微呼气，体现出动作的虚实变化。

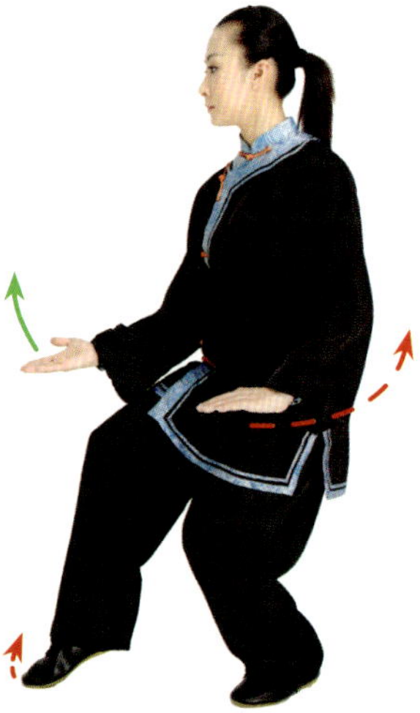

图 38.1

图 38.2

第三十九式 马步靠

【练法】

1.右脚在体前横落，重心移至右腿。上体右转，右臂内旋，右掌向下、向右画弧；左臂外旋，左掌向上、向右画弧。（图39.1、图39.2）

2.重心前移，左脚收于右脚内侧。右掌翻转，掌心斜向上，并侧举同肩高；左掌向右、向下画弧至左胯前，掌心斜向后。目视右掌。（图39.3）

图 39.1

图 39.2

图 39.3

3.左脚向左前方（西南）上步，重心略向前移，成半马步（身体重心偏于右腿）。上体稍左转，左掌变拳向前靠出，左臂微屈，停于身体左侧，左拳拳心向外，停于左膝内侧；右掌屈肘经耳侧下落于左肘内侧，掌心斜向前，推助左臂向前靠出（此动作也可采取短促发力练法）。目视左前方（西南）。（图39.4、图39.5）

【要点】

1.向前垫步和上步时都要脚跟先着地，然后随重心前移全脚踏实。

2.定式时，方向为西南，腰向前、向下松沉，保持桩步稳定，上体正直。

3.如采用发力练法，要做到腰腿发力，周身完整，小腹充实，快速整齐。半马步步形，两脚的夹角不要超过90度，重心稍偏于后腿，要圆裆，后膝微向内合。

图 39.4

图 39.5

第四十式　转身大捋

【练法】

1.重心后移，上体微右转，左脚脚尖外展。左拳变掌，两掌掌心转向右并微向后收。（图40.1）

2.上体左转，左脚落实，重心前移，右脚向前收于左脚内侧（两脚平行，相距约10厘米），身体稍向上站起，重心仍在左腿。两掌向上提举，右掌举于身体右侧，掌心向上；左掌屈肘提至体前，掌心向下。（图40.2、图40.3）

3.上体左转，右脚以前脚掌为轴，脚跟外展，屈膝下蹲，身体重心移向右腿。右掌伸向身体右上方，腕高与肩平。左掌停于右肘内侧，右掌下翻准备变拳。目视右掌。（图40.4～图40.6）

图 40.1

图 40.2

图 40.3

图 40.4

图 40.5

图 40.6

4.左脚向后（西北）撤步，上体左转，两掌逐渐握拳。目视右拳。（图40.7）

图 40.7

5.重心移向左腿，右脚脚跟外展成横裆步，然后松腰、沉肩。两拳随转体向左回带至体前，左前臂外旋，左拳收于左腰间，拳心向上；右前臂外旋滚肘下沉，右拳高与胸平，停于体前，右臂半屈成弧形，拳心向内。目视右拳。（图40.8、图40.8附图）

【要点】

1.并步、转体、撤步和平捋要衔接连贯，以腰为轴。

2.并步以后，面向正南；撤步以后，面向东南，后脚斜向东北。

3.定式时，面向东北成横裆步，两脚平行向前，宽同弓步，左腿屈弓，右腿自然伸直，两手由平捋转为滚肘撅臂，向下沉劲。头随身体自然转动。

图 40.8

图 40.8 附图

第四十一式　撩掌下式

【练法】

1.上体右转，重心移向右腿。右臂屈肘向上画弧，右拳停于右额前，拳心向外；左拳自腰间向身后穿出，拳眼向后。（图41.1）

2.左脚脚尖外展，右脚脚尖内扣，重心左移。上体左转，左拳翻转变掌，自左向体前画弧，掌心斜向前；右拳变掌，向后、向下画弧，掌心斜向后。（图41.2）

3.右脚向前上半步，停在左脚侧后方，前脚掌点地，成丁步。右掌经右胯外侧向前下方撩出，掌心斜向前，高与小腹平；左掌掌指轻附于右前臂内侧，掌心斜向下，拇指向内。面向西北，目视前下方。（图41.3）

4.右脚落实，上体右转，重心移至右腿，左脚轻轻提起。右

图 41.1

图 41.2

图 41.3

图 41.4

掌向上、向右画弧至身体右前方。目视右掌。（图41.4）

5.右掌内旋，变成勾手；左掌仍附于右前臂内侧并随之转动，然后收于右肘弯处，掌心向内。目视右勾手。（图41.5）

6.左腿向左侧方（正西偏南）仆出，右腿屈膝下蹲，成左仆步。上体左转，左掌下落，经腹前顺左腿内侧向前穿出，掌心向右。（图41.6、图41.7）

【要点】

1.撩掌之前，两脚的展、扣要和身体转动一致，左手在身后画弧不要过大。

2.右跟步时，要合胯、屈腿，将右脚轻轻提起。

3.下式时，先仆出左腿，然后转身穿掌，右腿要全蹲（老年人可以半蹲），两脚都要全脚着地，不可低头、弓腰、过于前俯。

4.撩掌方向为西北，下式方向为西偏南。

图 41.5

图 41.6

图 41.7

第四十二式　上步七星

【练法】

1.重心前移，上体左转，左脚脚尖外展，右脚脚尖内扣，右腿自然蹬直，左腿屈弓。左掌向上、向前挑起，腕高与肩平；右臂内旋下落，勾尖向上，停于身后。目视左掌。（图42.1）

2.重心前移，右脚向前上一步，前脚掌落地，成右虚步。左掌变拳，微向内收，拳心向内；右勾手变拳，自后向前、向上架起，拳心向外；两腕相交成十字拳，左拳在内，右拳在外，高与肩平，两臂撑圆。（图42.2～图42.4）

图 42.1

图 42.2

图 42.3

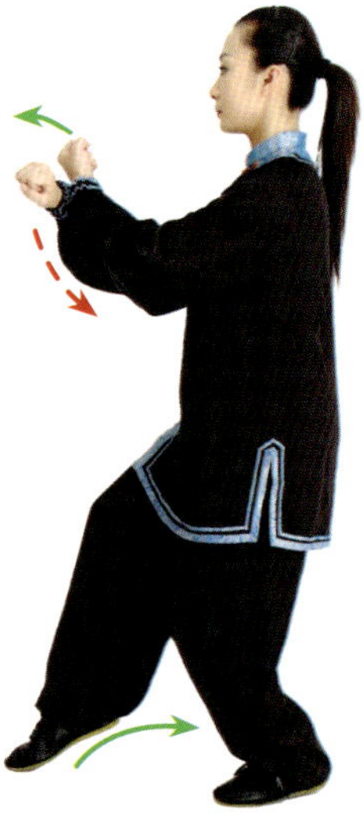

图 42.4

【要点】

1.起身前，随上体左转，左脚脚尖尽量外展，右脚脚尖尽量内扣。

2.起身时，合胯、提腿、上步要轻灵平稳。

3.定式时，肩、胯要松沉。

第四十三式　独立跨虎

【练法】

1.右脚向右后撤一步，重心后移。上体右转，右拳变掌，向下、向右画弧，停于右胯外侧，掌心向下；左拳变掌，随身体右转稍向右画弧。（图43.1、图43.2）

2.左脚提起，微向右移动，成左虚步。上体左转，左掌向下、经腹前再向左画弧，按于左胯旁；右掌向上画弧，经头前再向下画弧，落于左腿侧上方，掌心向上。头随身体转动，目视前方。（图43.3～图43.5）

图 43.1

图 43.2

图 43.3

图 43.4

3.右脚蹬地独立，右腿微屈站稳；左腿提起，膝部微屈，脚面展平，举于体前。右掌向前、向上挑掌，掌心侧向左，腕高与肩平；左掌变勾手上提，举于左后方，高与肩平。上体左拧。目视左前方（西南）。（图43.6、图43.7）

【要点】

定式时，右腿独立，膝部微屈；左腿似直未直，自然地悬举于体前，左脚略内扣，高度因人而异。右手、左脚大体上下相对。上体扭向西南，保持自然舒展。

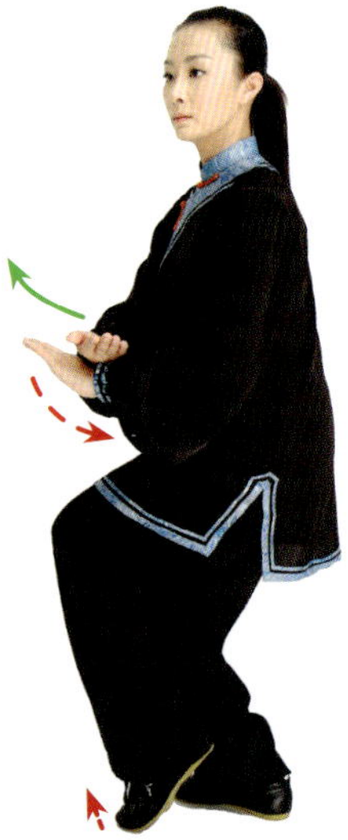

图 43.5

图 43.6

图 43.7

第四十四式　转身摆莲

【练法】

1.上体右转，左脚在右脚外侧扣脚落下。左勾手变掌，掌心转向上，自左后向前画弧平摆，高与肩平；右掌翻转向下、向右、向后屈肘平带。（图44.1、图44.2）

2.以两前脚掌为轴，向右后转体。左掌稍内收，右掌翻转经胸前向左肘下方穿出，两掌掌心斜相对。头随体转，目视前方。（图44.3、图44.4）

3.身体继续右转，右脚提起，微向右移动，成右虚步。右掌自左向右画弧，右前臂内旋，掌心转向右，举于体右侧，高与肩平；左掌自右臂内侧回收至右腹前，掌心亦转向右。目视右掌。（图44.5、图44.6）

图 44.1

图 44.2

图 44.3

图 44.4

4.右脚提起，向左、向上、向右做扇形外摆，脚面展平。两掌自右向左摆掌，在体前先左后右拍击右脚脚面。（图44.7、图44.8）

【要点】

1.扣步不要太远，两腿微屈，两前脚掌碾地，身体旋转270度，上体不要摇晃，两臂穿摆要和身体旋转一致。

2.摆莲脚时，右腿上举，上体微向前倾，但不可紧张。年老体弱者，手可不拍击脚面。

图 44.5

图 44.6

图 44.7

图 44.8

第四十五式　弯弓射虎

【练法】

1.右腿屈收，右脚提于身体右侧，脚尖自然下垂；左腿微屈独立。上体左转，两掌左摆，右掌摆至身体左侧，左掌摆于左肩前，高与肩平，两掌掌心皆向左。目视左掌。（图45.1）

2.上体微右转，右脚向右侧（正西稍偏北）落下，两掌下落。（图45.2）

3.上体右转，重心移至右腿，成右弓步；两掌向下、向右画弧至身体右侧时变拳。然后上体微左转，左拳经面前向左前方（西南）打出，举至胸前，拳心斜向前；右臂屈肘，收于右额前上方，拳心向外，拳眼斜向下。（图45.3、图45.4）

【要点】

1.两手向右摆动时，头、腰都要随之转动。

2.定式时，腰向下松沉并稍向左回旋，但右膝不要内扣，也不要向左扭胯。头转向西南，和左拳方向一致。弓步方向略偏西北。

图 45.1

图 45.2

图 45.3

图 45.4

第四十六式　右搬拦捶

【练法】

1.左腿屈膝，重心后移；右脚脚尖内扣。上体左转，左拳变掌翻转向上，经体前下落收至左腰间；右拳也变掌，自左前臂上穿出，向右前方抹掌，掌心向前下。目视右掌。（图46.1、图46.2）

2.右脚收至左脚内侧。左掌在体侧画弧，屈收至胸前，掌心向下；右掌变拳，向下、向左收至腹前，拳心向下。目视前方。（图46.3、图46.4）

3.右脚向前垫步，脚跟着地，脚尖外撇。上体右转，右拳向前（正西）翻转搬出，高与胸平，拳

图 46.1

图 46.2

图 46.3

图 46.4

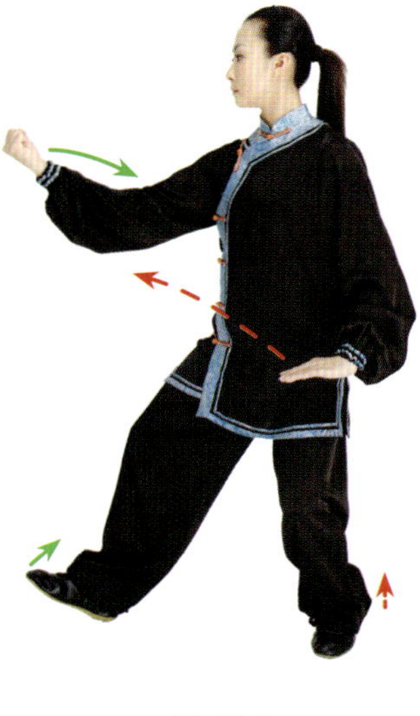

图 46.5

心向上；左掌顺势按于左胯旁，掌指向前。目视右拳。（图46.5）

4.上体右转，重心前移，左脚提收上步。右拳随身体右转向右旋臂画弧，收于右腰间，拳心向上；左掌向左、向前画弧拦出，掌心斜向下。目视左掌。（图46.6、图46.7）

5.重心前移，左腿前弓，成左弓步。上体微左转，右拳向前打出，拳眼向上，高与胸平；左掌收于右前臂内侧。目视右拳。（图46.8、图46.9）

【要点】

1.收右脚时，要先扣回脚尖，再轻轻收脚。必要时，左脚脚尖可适当外展，便于上体左转。

2.其他要点同左搬拦捶。

图 46.6

图 46.7

图 46.8

图 46.9

第四十七式　右掤捋挤按

【练法】

1.重心后移，左脚脚尖翘起外展。上体左转，左掌向下画弧，掌心向上；右拳变掌前伸，掌心斜向下。（图 47.1）

2.重心前移，左腿屈膝，右脚收至左脚内侧。右掌由前向下画弧，左掌自下向后再翻转向上画弧，两掌在胸前“抱球”，右掌在下，左掌在上，两掌掌心相对。目视前方。（图 47.2、图 47.3）

3.上体微向右转，右脚向前方迈出一步，脚跟着地。（图 47.4）

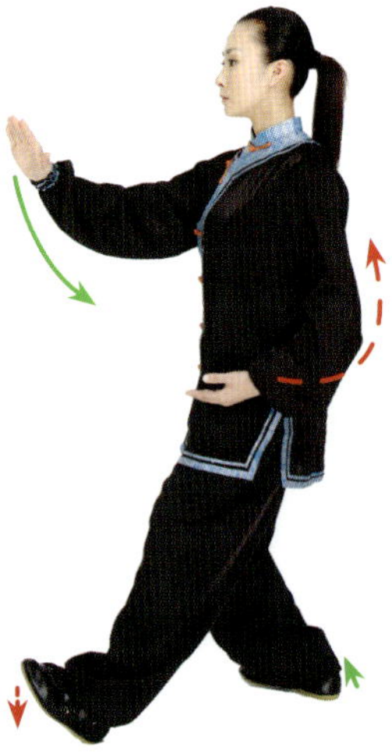

图 47.1

图 47.2

图 47.3

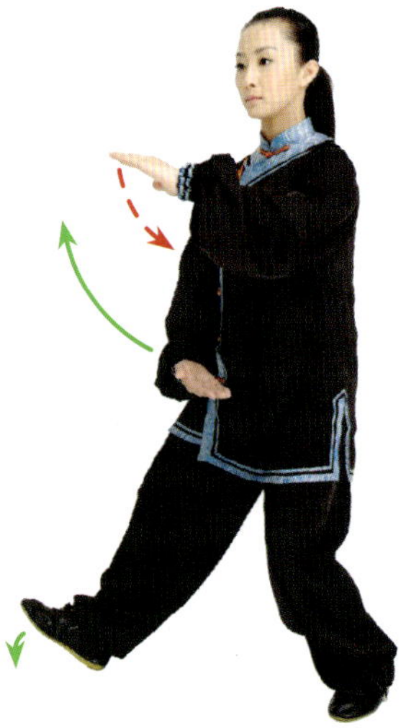

图 47.4

4.重心前移，成右弓步。两掌上下分开，右前臂向体前掤出，高与肩平，掌心向内；左掌下落按于左胯旁。（图47.5）

5.上体微向右转，右掌随之前伸，右前臂内旋，掌心斜向下；左前臂外旋，掌心向右，经腹前向上、向前画弧，伸至右前臂下方。目视右掌。（图47.6）

6.上体左转，重心后移至左腿。两掌向下捋，左掌经腹前向左后上方画弧并上举，掌心斜向上，腕高与肩平；右掌掌心斜向后，右前臂平屈胸前。目视左掌。（图47.7、图47.8）

图 47.5

图 47.6

图 47.7

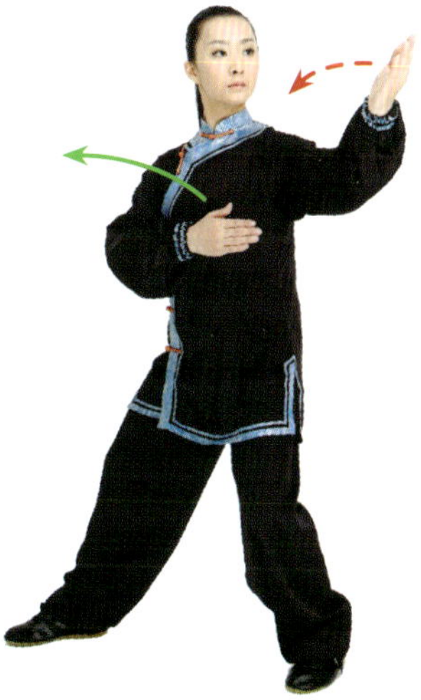

图 47.8

7.上体右转，左臂内旋屈肘，左掌掌指向前搭近右腕内侧，掌心向前，双掌与胸同高。（图47.9）

8.重心前移，成右弓步。双掌慢慢向前挤出，右掌掌心向内，左掌掌心向外，两臂保持半圆形。（图47.10）

9.左掌经右腕上方伸出，随即两掌向左右分开，与肩同宽，掌心向下。目视前方。（图47.11、图47.12）

图47.9

图47.10

图47.11

图47.12

10.上体慢慢后坐，身体重心移至左腿，右脚脚尖翘起。两臂屈肘，两掌收至胸前，掌心向前下方。（图47.13）

11.右脚落实，右腿前弓，成右弓步。两掌下落，经腹前向前、向上按出，腕高与肩平，掌心向前。（图47.14～图47.16）

【要点】

同“左掤捋挤按”，唯左右相反。

图 47.13

图 47.14

图 47.15

图 47.16

第四十八式　十字手＋收式

（一）十字手

【练法】

1.上体左转，重心左移，右脚脚尖内扣。左掌随身体左转，经面前向左平摆；右掌向右侧撑开，两掌掌心均向前。（图48.1）

图 48.1

图 48.2

2.左脚脚尖外展，继续向左转体，左腿屈膝，右腿自然蹬直。左掌随转体继续向左平摆，与右掌对称平举在身体两侧，肘部略屈，两掌掌心均向前。目视左掌。（图48.2）

3.重心右移，左脚脚尖内扣，上体右转，两掌向下、向内画弧，并在腹前使两腕相交，两掌合抱，左掌在外，右掌在内，上举于胸前，两掌掌心均向内。（图48.3）

图 48.3

图 48.4

4.左脚内收，成开立步，两脚平行，与肩同宽，脚尖向前。上体转正，两掌交叉合抱举于体前，高与肩平，两臂撑

圆，左掌在外，右掌在内，成斜十字形。目视前方。（图48.4、图48.5）

图 48.5

【要点】

1.向左摆掌时，右脚扣向正南，左脚随转体和重心左移渐渐外展，不要待体重完全压实左腿后再转动左脚。

2.合抱双手时，左脚脚尖应先内扣再提收左脚，然后缓缓起立，腰部微微向左回旋至朝向正南，重心平均放在两腿。

（二）收式

【练法】

1.两前臂内旋，两掌分开，与肩同宽，掌心向下，徐徐下落。目视前方。（图48.6、图48.7）

2.两手慢慢下落至两腿外侧，两腿慢慢直立，上体正直，头微上顶，松肩垂肘。（图48.8）

图 48.6

图 48.7

图 48.8

3.左脚收至右脚内侧，两脚并拢，脚尖仍向前。目视前方。（图48.9～图48.11）

【要点】

1.精神、速度、劲力都要均匀完整，贯彻始终，不可松懈。

2.身体保持自然沉稳。

图 48.9

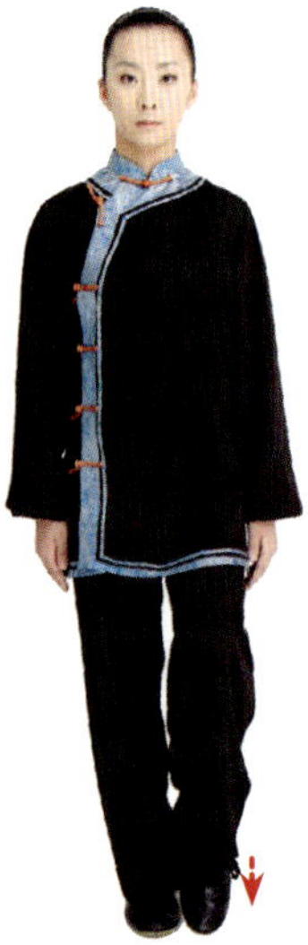

图 48.10

图 48.11